NIÑOS ORDINARIOS realizando
COSAS EXTRAORDINARIAS
¡a través del PODER de LA PALABRA DE DIOS!

VOLUMEN 4
LECCIONES 1-13

A menos que se indique lo contrario, las citas bíblicas fueron tomadas de la versión *Reina Valera 1960*.

Las citas marcadas con las siglas *NTV* fueron tomadas de la *Nueva Traducción Viviente*.

Las citas marcadas con las siglas *MSG* son traducciones libres de *The Message Bible*.

Las citas marcadas con las siglas *NVI* fueron tomadas de la *Nueva Versión Internacional*.

Las citas marcadas con las siglas *AMP* son traducciones libres de *The Amplified Bible*.

ISBN 978-1-60463-152-4

Libro de lecciones de la Academia de Superniños, volumen 4, lecciones 1-13
Superkid Academy Lesson Book Volume 4 Lessons 1-13

Traducido y editado por KCM Guatemala

© 2010 *Eagle Mountain International Church Inc.* también conocida como Ministerios Kenneth Copeland.
© 2012 *Eagle Mountain International Church Inc.*, también conocida como Ministerios Kenneth Copeland. Traducción autorizada de la edición en inglés.

Kenneth Copeland Publications
Fort Worth, TX 76192-0001

Para obtener más información acerca de los Ministerios Kenneth Copeland, llame al 800–600–7395 o visítenos en nuestra página web www.kcm.org.

Consultores creativos y desarrollo de producto por: www.vaughnstreet.com

Diseño de interior y portada por: www.eastcomultimedia.com

Gerente de diseño: Jon La Porta
Diseñadores: Heather Huether & Justin Seefeldt

ÍNDICE

RECONOCIMIENTOS	iv
UNA GUÍA SENCILLA	v
EXCENCIÓN DE RESPONSABILIDAD DE SALUD Y SEGURIDAD	vi
LECCIÓN 1: TODO ES BUENO	1
LECCIÓN 2: LA MENTIRA MÁS GRANDE	9
LECCIÓN 3: JESÚS AL RESCATE	19
LECCIÓN 4: HONREN A DIOS	27
LECCIÓN 5: OBEDEZCAN A SUS PADRES	41
LECCIÓN 6: HONREN A LAS AUTORIDADES	53
LECCIÓN 7: HONREN Y OBEDEZCAN AL ESPÍRITU SANTO	67
LECCIÓN 8: LA GRANDEZA A LA MANERA DE DIOS	79
LECCIÓN 9: SÍRVANLE A SU PRÓJIMO	87
LECCIÓN 10: EL SERVICIO INICIA EN CASA	95
LECCIÓN 11: DIOS AFIRMA QUE USTEDES SON ESCOGIDOS	103
LECCIÓN 12: USTEDES SON JUSTOS	111
LECCIÓN 13: USTEDES SON BENDECIDOS	117

AGRADECIMIENTOS

Me siento muy emocionada porque la Academia de Superniños se establecerá en el corazón de los niños de ¡todo el mundo! Dios es fiel en completar lo que inició, y con Su ayuda hemos visto cómo ocurren cosas extraordinarias en la vida de muchos niños y familias.

Quiero agradecerle primero al Señor, pues Él no sólo me llamó a ministrar niños, sino me equipó para ser una persona efectiva. Parte de ese equipamiento radica en la ayuda de mi familia. Mi esposo, Steve, me infundió mucho ánimo mientras progresaba este proyecto. Te agradezco, Steve, por tu paciencia, tus oraciones, tu amor y tu ayuda; en especial, durante esas largas noches. Te amo.

No estoy segura si la maternidad me hizo una mejor ministra de niños o viceversa, todo lo que sé es que con los años éstas dos áreas se han combinado en mí. El resultado fue una familia de niños que me ayudó y ministró a mi lado, derramando su propio corazón y energía en la Academia de Superniños. Rachel, Lyndsey, Jenny y Max, les agradezco por hacer de esta familia, una familia de ministros. ¡Ustedes hacen que sea divertida!

La asociación es una parte muy importante en el éxito del ministerio de niños. Confiamos en que Dios es nuestra fuente, y somos socios con otros con el propósito de cumplir Su plan en nuestra vida. Quiero agradecerles a las siguientes personas, pues su fidelidad hizo que la Academia de Superniños produjera fruto todos estos años.

A los comandantes Dana y Linda Johnson: Su amistad y amor significan más para mí de lo que imaginan. Gracias por hacer de la Academia de Superniños ¡un lugar REAL!

Kim Stephenson: Mi socia y amiga de pacto en el ministerio. ¡No hubiera logrado esto sin tu ayuda!, y ¡estoy agradecida de haber contado contigo!

Jenni Drennen: Dios te ha dado la habilidad de tener todo preparado, y al mismo tiempo, mantienes firmes y felices a los comandantes. Simplemente, ¡eres maravillosa!

Lyndsey Swisher: Tu habilidad para transmitir de forma creativa el sentir del corazón de la Academia de Superniños mediante la redacción, la dirección de la filmación y las enseñanzas; es en realidad, asombrosa. ¡Eres una hija maravillosa! Te amo con todo mi corazón.

A nuestro equipo en KCM, en especial a John Copeland y James Tito, por su apoyo y por declarar: "¡Esto es lo que hacemos!". Y después realizarlo con excelencia. Gracias a los miembros de los demás equipos quienes trabajaron tanto para hacerlo bien. Heather Main, Christine Schuelke y Katelyn Kurth, les agradezco por todas esas horas. Gracias a Cindy Hames y al departamento de marcadotecnia y Carleen Higgins en el departamento de televisión. ¡Hagámoslo de nuevo!

Algo muy importante, quiero agradecer a los pastores George y Terri Pearsons y al equipo de niños de EMIC. Ustedes creyeron, sembraron, oraron e hicieron de la Academia de Superniños un lugar real con superniños reales. Nunca lo olvidaré y Jesús tampoco.

Y a los cientos de superniños reales en *Eagle Mountain International Church*. ¡Gracias! Y recuerden, una vez que han sido superniños ¡siempre lo serán!

Por último, pero no menos importante, les agradezco a Kenneth y Gloria Copeland por inculcarme en la vida de fe, por darme la Palabra no adulterada; a fin de enseñársela a los susperniños, y por ser personas dedicadas de manera absoluta, firme y previsible a la Palabra. Amo ser su hija.

¡Los amo a todos!

Commander Kellie
Comandante Kellie

GUÍA PARA SU ACADEMIA DE SUPERNIÑOS: Una guía sencilla

Nos sentimos emocionados de que haya adquirido la versión en español de nuestro plan de estudio de la Academia de Superniños. Los principios que se enseñan y el material que se brinda, permiten entablar una relación con Dios e inspirar a los niños para que realicen cosas extraordinarias en todo lo que emprendan.

El material de la versión en español incluye:

- **BOSQUEJO DE LA LECCIÓN**: Un bosquejo sencillo de tres pasos que le explica la verdad de la Palabra y su aplicación en la vida diaria.
- **VERSÍCULO PARA MEMORIZAR**: Estos versículos representan una oportunidad familiar para memorizar y guardar la Palabra en el corazón de todos.
- **TIEMPO PARA JUGAR**: Los juegos refuerzan el mensaje de la lección, y lo ejemplifican durante un tiempo de diversión.
- **OFRENDA**: La manera bíblica de dar es muy importante. Cada semana, estas verdades le enseñarán los principios de dar, y éstos se implantarán en lo profundo del corazón de los niños.
- **SUPLEMENTOS** (incluye dos de los siguientes temas en cada lección):

    Lección práctica: Ilustra el enfoque de la lección y brinda elementos visuales para la enseñanza.

    Caso real: Esta actividad destaca un interesante e histórico lugar, persona o evento con lo cual se ejemplifica el tema de la lección que se está enseñando.

    Drama: Puede leerse como una historia, representarse como una obra o realizarse con títeres.

    La cocina de la academia: Esta actividad requiere artículos de cocina y brinda mejores oportunidades de enseñanza adicionales para examinar e ilustrar la lección.

    El laboratorio de la academia: Combina la lección con la ciencia.

    Tiempo de lectura: Una historia que refuerza el mensaje de la semana a través de un tema ejemplificado.

Cada lección puede utilizarse de muchas maneras. Sea creativo. ¡Diviértase con este material! Aunque el tiempo transcurra rápido, las semillas depositadas en sus niños producirán una gran cosecha que durará toda la vida; y la Palabra que se encuentra en el corazón de ellos, no volverá vacía.

«Instruye al niño en su camino, y aun cuando fuere viejo no se apartará de él».
Proverbios 22:6

EXCENCION DE RESPONSABILIDAD DE SALUD Y SEGURIDAD PARA EL PLAN DE ESTUDIO DE LA ACADEMIA DE SUPERNIÑOS

La Academia de Superniños es un ministerio de *Eagle Mountain International Church*, también conocida como Ministerios Kenneth Copeland (a la cual nos referiremos como *EMIC*). El plan de estudio de la Academia de Superniños (al cual nos referiremos como plan de estudio *SKA*) brinda material de enseñanza apropiado para la edad de los niños, a fin de ser utilizado en su formación espiritual. Este plan de estudio *SKA*, incluye actividades físicas en las cuales pueden participar tanto el maestro como el niño. Antes de realizar cualquiera de las actividades, los participantes deben estar en buena condición física, respaldado con certificación médica. *EMIC* no se responsabiliza por las lesiones que resulten de realizar las actividades sugeridas en el plan de estudio *SKA*. Antes de llevar a cabo el plan de estudio *SKA*, debe revisar con cuidado las políticas de seguridad y salud de su organización, y determinar si el plan de estudio *SKA* es apropiado para el uso deseado de su organización.

Al comprar el plan de estudio *SKA*, yo, como persona individual o como representante autorizado de mi organización, decido por medio de la presente liberar, defender, no inculpar y me comprometo a no demandar a *EMIC*, a su personal de seguridad, diáconos, ministros, directores, empleados, voluntarios, contratistas, personal, afiliados, agentes y abogados (colectivamente, cualquier área relacionada a *EMIC*) y a la propiedad de *EMIC*, de cualquier demanda; incluyendo demandas de negligencia y culpa grave de cualquiera o más áreas relacionadas a *EMIC* que surjan del uso y de la participación del plan de estudio *SKA*, o de la participación en las actividades sugeridas incluidas en el plan de estudio *SKA*, ni por los primeros auxilios o servicios prestados que deban realizarse como consecuencia de o relacionados con las actividades o participación en las actividades.

LECCIÓN 1: TODO ES BUENO

 BIENVENIDA Y ORACIÓN

 VERSÍCULO PARA MEMORIZAR

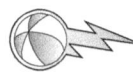 TIEMPO PARA JUGAR

 SUPLEMENTO 1: LECCIÓN PRÁCTICA

 OFRENDA

 ALABANZA Y ADORACIÓN

 BOSQUEJO DE LA LECCIÓN

 SUPLEMENTO 2: CASO REAL

 ORACIÓN, ANUNCIOS, Y MATERIAL DE APOYO

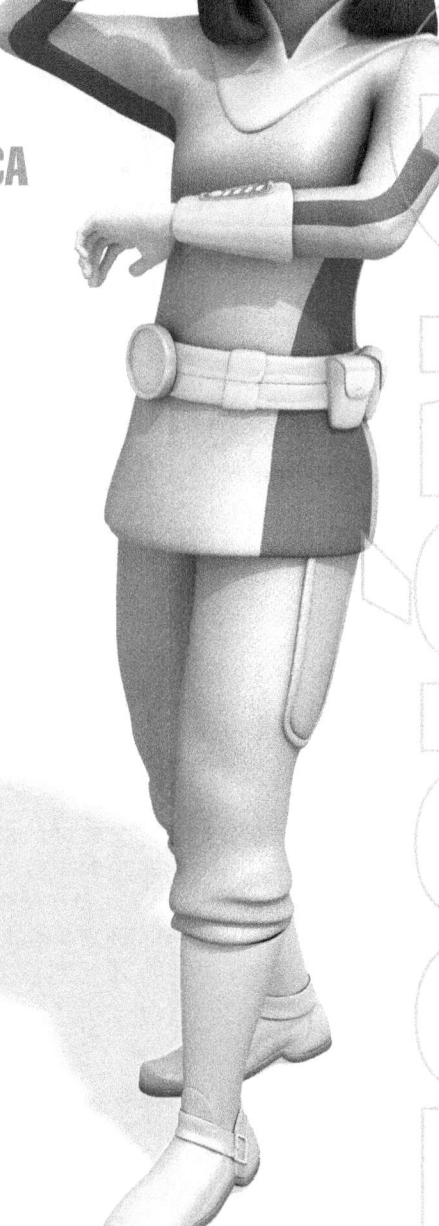

 **Versículo para memorizar:** «Y vio Dios todo lo que había hecho, y he aquí que era bueno en gran manera...».

(Génesis 1:31)

Serie: Todo es bueno

Academia de Superniños • Vol. 4/1.ª semana • Todo es bueno

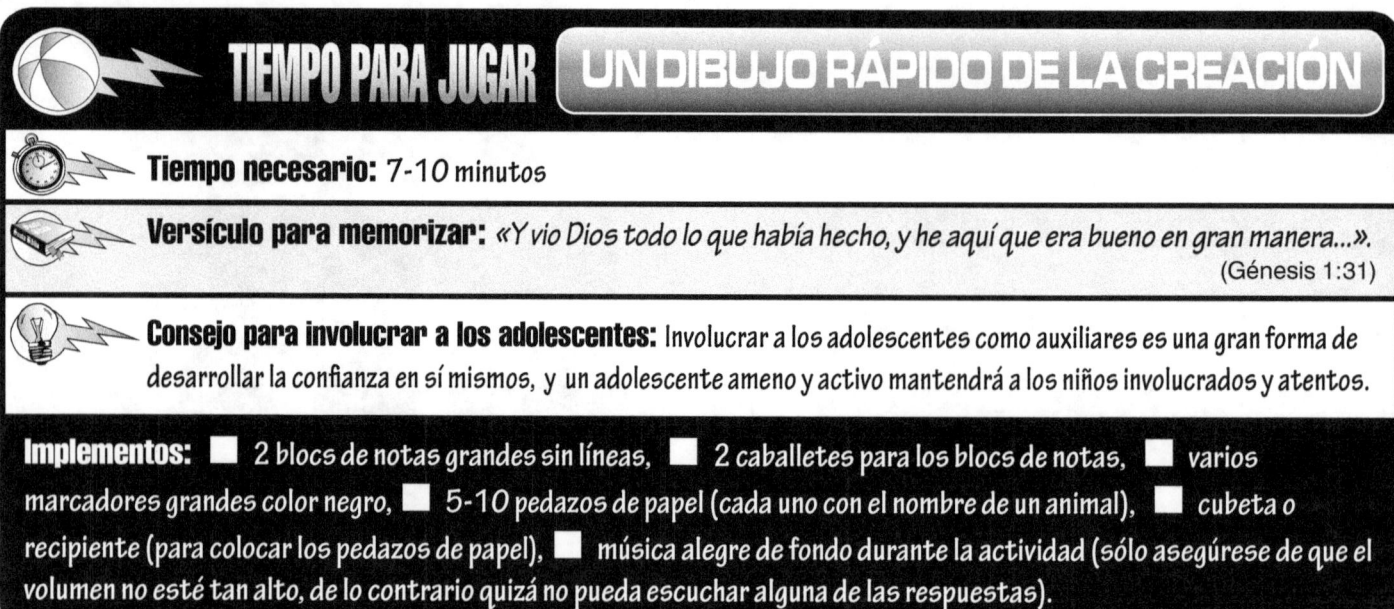

TIEMPO PARA JUGAR — UN DIBUJO RÁPIDO DE LA CREACIÓN

Tiempo necesario: 7-10 minutos

Versículo para memorizar: «Y vio Dios todo lo que había hecho, y he aquí que era bueno en gran manera...». (Génesis 1:31)

Consejo para involucrar a los adolescentes: Involucrar a los adolescentes como auxiliares es una gran forma de desarrollar la confianza en sí mismos, y un adolescente ameno y activo mantendrá a los niños involucrados y atentos.

Implementos: ☐ 2 blocs de notas grandes sin líneas, ☐ 2 caballetes para los blocs de notas, ☐ varios marcadores grandes color negro, ☐ 5-10 pedazos de papel (cada uno con el nombre de un animal), ☐ cubeta o recipiente (para colocar los pedazos de papel), ☐ música alegre de fondo durante la actividad (sólo asegúrese de que el volumen no esté tan alto, de lo contrario quizá no pueda escuchar alguna de las respuestas).

A continuación encontrará una lista de animales para realizar el dibujo rápido de la Creación. Puede agregar otros:

1. Pez	6. León
2. Conejo	7. Serpiente
3. Jirafa	8. Pájaro
4. Rinoceronte	9. Mariposa
5. Venado	10. Araña

Antes del juego:

- Cree dos estaciones para la actividad, y colóquelas al frente de la habitación/escenario, una a cada lado. Cada una debe tener un bloc de notas, un caballete y marcadores.

Instrucciones del juego:

- Divida el grupo en dos equipos y asígneles una estación a cada uno. Escoja a un artista por equipo para que dibuje. Es importante que ambos artistas tengan edades similares, a fin de que el juego sea justo. Pídale a uno de los artistas que escoja un papel del recipiente, y se lo muestre al otro. Cuando usted diga: "En sus marcas, listos, ¡dibujen!"; ambos artistas deben dibujar el animal que escogieron. El primer equipo que lo adivine gana 100 puntos. Escoja a otros dos artistas para que jueguen otra ronda. Continúe hasta que un equipo obtenga 500 puntos.

Objetivo del juego:

Dibujar el animal tan rápido y exacto como sea posible, para que su equipo lo pueda adivinar de manera fácil. Si lo dibuja muy lento, el otro equipo podría adivinar primero. Y si lo dibuja muy rápido, su animal podría verse muy extraño y difícil de adivinar.

Aplicación:

Quizá algunos de los animales que dibujaron les parecieron muy extraños. ¡Qué asombroso saber que Dios creó a cada uno de éstos, de manera perfecta desde la primera vez! Ni siquiera necesitó un borrador.

Todo es bueno • Vol. 4/1.ª semana • *Academia de Superniños*

LECCIÓN PRÁCTICA — ¡VÉANLAS CRECER!

Tiempo necesario: 5-7 minutos

Versículo clave: "Dijo Dios: '¡Produzca la tierra, hierba verde! Crezca toda variedad de plantas con semilla, todo tipo de árbol que dé fruto'. Y así fue… Y vio Dios que era bueno".

(Génesis 1:11-12, *MSG*)

Implementos: ☐ 1 jardín instantáneo, ☐ una regadera pequeña con agua.

Instrucciones de la lección:

- Siempre he querido tener un jardín, pero hay un pequeño problema. No me gusta esperar que las semillas crezcan, pues se necesita demasiado tiempo para que ocurra. Entonces, un día cuando estaba en la tienda, encontré un jardín instantáneo. Las instrucciones indicaban que sólo debía regarla, y que en unos minutos el jardín crecería. Entonces, lo comprobaremos.

Pregunte ¿Desea alguien ayudarme para agregarle agua?

- (Escoja un asistente).

- Está bien, cuando yo diga, "Jaaardín, ¡crece!", quiero que riegues muy bien el jardín. ¿Listo? "Jaaardín, ¡crece!".

- (El voluntario debe regar el jardín. Observe cómo éste crece).

- ¡Eso es genial! ¡Ésa es la clase de jardín que me gusta! Y debo admitir, que es muy divertido decir: "¡Crece!", y que las cosas crezcan.

- Pero esto no se compara con el tipo de cosas que sucedieron en la Tierra cuando Dios habló. Cuando Él lo hizo, ni siquiera tuvo que utilizar una regadera, sólo utilizó Sus palabras y creó el jardín más hermoso que alguna vez ustedes podrían imaginarse. Lea Génesis 1:11-12, "Dijo Dios: '¡Produzca la tierra, hierba verde! Crezca toda variedad de plantas con semilla, todo tipo árbol que dé fruto'. Y así fue… Y vio Dios que era bueno".

- Y Su jardín no era tan pequeño como para colocarlo sobre una mesa. Toda la Tierra se llenó de todo tipo de hierbas, arbustos, enredaderas, plantas y árboles frutales. Debió ser absolutamente maravilloso. Cuando todo estaba terminado, Dios dijo que era realmente bueno. Ahora saben que cuando Dios dice que es realmente bueno, ¡así es!

- Lo mejor de todo, es que Dios no creó ese espectacular jardín sólo para presumir, como lo hice yo con mi pequeño jardín. Él creó todo lo bueno para Adán, para Eva y Sus hijos. En la Biblia se afirma que Dios es el mismo ayer, hoy y para siempre. Eso significa que si Él creo cosas buenas para Sus hijos en esa época, aún lo está haciendo ahora. ¿Desean obtener las cosas buenas? Sólo deben formar parte de la familia de Dios y poseer "La dulce vida". Sólo deben regarla con la Palabra y ver cómo ¡crecen las bendiciones!

Notas:

Serie: Todo es bueno

Academia de Superniños • Vol. 4/1.ª semana • Todo es bueno

 **OFRENDA** — NO SE ACERQUEN CON LAS MANOS VACÍAS

 **Tiempo necesario:** 10 minutos

Versículo para recibir la ofrenda: "...nadie debe acercarse a la presencia de Dios con manos vacías; cada uno debe traer tanto como pueda, dando generosamente conforme a las bendiciones de Dios, su Dios".

(Deuteronomio 16:16b-17, *MSG*)

Implementos: ☐ Un ramo pequeño de flores frescas.

Instrucciones para recibir la ofrenda:

Pregunte ¿A cuántos de ustedes los han invitado a cenar a la casa de alguien?

- Es probable que sus padres les indicaran que tuvieran buenos modales, y que dijeran por favor y gracias. Muchos de ustedes saben usar los buenos modales. Pero talvez no sean conscientes de otra actitud de cortesía que deben realizar cuando los invitan a cenar. Así que hoy, quiero compartirles acerca del Regalo para el anfitrión.

- Un regalo para el anfitrión es algo que llevan a una cena o a una fiesta, como por ejemplo flores —éstas pueden ser un buen regalo—. Ustedes puede darle las flores a la persona que los invitó para agradecerle la invitación. Ésta es una costumbre que no se ve muy a menudo; sin embargo, es un gesto bastante amable.

- ¿Sabían ustedes que en la Biblia se nos enseña que deberíamos llevarle a Dios un regalo de ese tipo? En Deuteronomio 16:16b-17, leemos: "...nadie debe acercarse a la presencia de Dios con manos vacías; cada uno debe traer tanto como pueda, dando generosamente conforme a las bendiciones de Dios, su Dios".

- Dios nos ha invitado a Su casa para que hoy nos acerquemos a Él. Sería buena idea asegurarnos de no llegar con las manos vacías. No porque le debamos algo, sino porque Él es muy generoso con nosotros y siempre está buscando maneras de cómo bendecirnos. ¡Le damos un regalo en muestra de nuestro agradecimiento! ¿Están listos para darle una ofrenda a nuestro maravilloso Dios?

Notas:

BOSQUEJO DE LA LECCIÓN — TODO ES BUENO

Versículo para memorizar: «Y vio Dios todo lo que había hecho, y he aquí que era bueno en gran manera...».
(Génesis 1:31)

I. PORQUE NOS AMA, ÉL LO HIZO TODO ¡BUENO!
a. Dios creó un maravilloso planeta llamado Tierra.
b. Él deseaba crear un hogar especial para Su familia.
c. Dios siempre piensa en GRANDE para Sus hijos.
d. Él no descansó ni dejó de crear hasta que vio que todo era <u>bueno</u> ¡para Sus hijos! Génesis 1:10, 12, 18, 21, 25, 31; 2:18

II. DIOS CREÓ EL HUERTO MÁS BELLO DEL MUNDO Génesis 1:26-31
a. Dios puso a cargo a Adán y a Eva de todo el lugar. Versículos 26-27
b. Él le dio a Sus hijos LA BENDICIÓN ¡para que gobernaran todo! Versículo 28
c. Nuestro Padre celestial sembró un jardín e hizo que éste creciera, ¡eso es espectacular! Versículos 29-31; 2:8-12
d. No hubo esfuerzo ni trabajo duro, pues LA BENDICIÓN hizo el trabajo. ¡Ellos sólo debían cuidarlo! Génesis 2:15

III. NUESTRO PADRE CELESTIAL DESEA "LA DULCE VIDA" ¡PARA SUS HIJOS!
a. La vida en el huerto nos muestra cuál era el plan de Dios para nosotros. Él también planea lo "bueno" para nosotros. Efesios 2:10
b. Fuimos hechos a Su imagen y semejanza. Génesis 1:26
c. Dios es el Rey de todo, y Él desea que Sus hijos también gobiernen como reyes.
d. El plan de nuestro Padre para nosotros era <u>todo bueno</u>. Lo llamamos "¡La dulce vida!". Jeremías 29:11

Una palabra de la comandante Kellie: Es fácil enseñarle a un niño que Dios creó los árboles, la hierba y las flores. ¿Se da cuenta lo poco que esto explica comparado con la gran planificación y los complicados detalles que nuestro Padre celestial invirtió en este lugar que conocemos como Tierra? Él trabajó mucho por nosotros; sin embargo, ¿ha pensado "por qué"? ¿Por qué Dios colocó tantos detalles en los incontables colores de los peces en el mar? ¿Cuál es el propósito de la variedad de flores que vemos? En el aspecto práctico, no puede hallar razón o propósitos definidos. Sin embargo, si comprende el <u>amor</u> de Dios, se da cuenta que Su extravagancia se debe a que desea sorprendernos. Él desea que veamos Su gran amor a través de la Creación. Los cielos declaran Su obra, Su bondad y ¡Su gran amor para Sus hijos! Él colocó al ser humano en un huerto bello y extraordinario que era ¡BENDECIDO! Adán y Eva no debían esforzarse, sólo obedecer y ejercer su autoridad. Siempre que hablo acerca de LA BENDICIÓN y del plan de Dios, lo llamo: "La dulce vida". En ésta, Él no sólo tiene un maravilloso plan para usted, y debido a que usted le da a Él el control sobre su vida, Dios hace que todo funcione a su favor y lo bendice en todo lo que realiza (Romanos 8; Deuteronomio 28). ¡Me gusta hablar al respecto cada vez que puedo!

Notas: _____

 Academia de Superniños • Vol. 4/1.ª semana • Todo es bueno

CASO REAL — WALT DISNEY

Concepto: Destacar un histórico e interesante lugar, personaje o evento que ejemplifique la lección del día. El tema de hoy es: ¡Dios hizo todo bueno!

Medios de comunicación: Si tiene la disponibilidad técnica de utilizar DVD:
- muestre imágenes de *Disneyland*
- fotografías personales o de alguien de su equipo que haya ido a *Disneyland*

(Si no tiene esa disponibilidad, puede imprimir fotografías de Internet para mostrárselas a los niños).

Consejo para el maestro: Utilizar un disfraz atrae la atención del superniño. Es de gran ayuda usar imágenes cuando les enseña.

Consejo para involucrar a los adolescentes: Repasar el guion antes de iniciar la clase e involucrar a los adolescentes como auxiliares es una gran forma de mantener a los niños involucrados y atentos.

Disfraz/Implementos: ■ Disfraz de ratón, ■ el rostro maquillado como un ratón, ■ guantes blancos, ■ orejas y cola de ratón.

INTRODUCCIÓN:

- Hoy estamos hablando acerca de cosas que son BUENAS; igual que el asombroso huerto que Dios creó para que habitaran Adán y Eva. Y algo que muchas personas disfrutan es un parque de diversiones.

- Entre la década de 1920 y 1930, los parques de diversiones con juegos mecánicos, en su mayoría, eran lugares sucios y no eran seguros para las familias: No eran NADA bueno. Así que en 1923, un hombre de 21 años, se dispuso a cambiar todo eso y a revolucionar para siempre los parques de diversiones. ¿Cuál era su objetivo? Crear un parque temático que tuviera atracciones divertidas y un bonito ambiente —uno que permaneciera limpio y seguro, pero que mantendría un cambio continuo por medio de la imaginación—.

- Él también creó un famoso personaje de dibujos animados, con características interesantes como las mías. ¿Alguien puede adivinar quién es?

LECCIÓN:

Acerca de Walt Disney:

- Este hombre era uno de los más creativos de su tiempo. Su nombre es Walt Disney. A la fecha, su nombre representa creatividad, optimismo, éxito y excelencia.

- Walt se interesó en el arte a una edad temprana. Incluso le vendía sus bosquejos y sus dibujos a sus vecinos para ganar dinero. ¡Éstos debieron haber sido muy buenos!

- El señor Disney inició su propio negocio dibujando anuncios e ilustraciones. Luego, él fundó un estudio de animación. Cuando tenía 22 años, comenzó a producir cortometrajes animados. Una de sus mejores creaciones fue un ratón llamado Mortimer —más tarde llamado Mickey—. Unos cuantos años después, Walt Disney creó otros personajes buenos... talvez conozcan a algunos de ellos: Blanca Nieves y los siete enanos, Pinocho y Bambi. También creó libros con algunos de los personajes favoritos de Disney: Mickey y Minnie Mouse, el pato Donald y Pluto.

Una buena idea —Disneyland:

- El sueño de Walt Disney era Disneyland. Durante años soñó y deseó construir un "pequeño parque familiar" adonde los padres pudieran llevar a sus hijos para disfrutar un día de diversión. ¡Ésa es una buena idea!

- Walt Disney deseaba crear "El lugar más feliz en la Tierra". Él dijo que Disneyland era una obra de amor. Él quería crear un lugar tan bueno que hiciera realidad los sueños todos los días. En la actualidad, los miembros del personal, todavía mantienen la promesa de ¡volver lo ordinario en algo extraordinario!

¡¿Cuán bueno es?!

Día de la inauguración:

- Disneyland se abrió al público en julio de 1955. Sorprendentemente, lo construyeron en poco más de un año. La construcción tuvo un costo de US$17 millones. La emoción de la gran apertura se sintió en todo el país.

El lugar:

- Walt Disney quería construir áreas separadas dentro de Disneyland para que los visitantes se sintieran como si estuvieran viajando de un lugar a otro. Él lo creó al transformar los colores, las texturas y la forma de todo; ¡incluso de los botes de basura! Al principio, sólo había cinco lugares diferentes:
  1. Main Street U.S.A.: un pueblo del medio oeste, de principios del siglo 20
  2. Adventureland: tema de aventuras en la selva
  3. Frontierland: la frontera oeste
  4. Fantasyland: los dibujos animados eran parte de la realidad
  5. Tomorrowland: un vistazo al futuro

Entretenimiento:

- Todos los días hay desfiles, espectáculos especiales, personajes caminando por el parque, bandas musicales y ¡fuegos pirotécnicos! Durante el invierno, incluso se crea nieve para que caiga varias veces al día.

Al principio y ahora:

- Muchas cosas han cambiado desde que se inauguró en 1955.

  AL PRINCIPIO: 20,000 personas asistieron al día de la inauguración.
  AHORA: 65,000 personas visitan por día el parque (eso es de 10 a 12 ¡millones al año!) 250 millones de personas han visitado Disneyland —incluyendo presidentes, reyes y reinas, y a la realeza de todo el mundo.
  AL PRINCIPIO: El precio de la entrada era de US$1. Los boletos individuales para 18 juegos costaba de 10 a 35 centavos cada uno.
  AHORA: El boleto de admisión cuesta más de US$65.
  AL PRINCIPIO: El parque estaba cerrado lunes y martes durante las temporadas bajas.
  AHORA: El parque está abierto todo el año.

Conclusiones:

- Nada es mejor que lo que Dios creó en el principio para nosotros: un lugar para vivir, divertirnos y disfrutar "La dulce vida". Dios aún continúa creando cosas, y cuando Él planea algo, ¡TODO ES BUENO! Walt Disney también inició con un plan. ÉL cumplió su sueño y finalizó lo que había imaginado. Ahora, millones de personas disfrutan lo que él llamó: "El lugar más feliz de la Tierra". Por esa razón, él es nuestro caso real de hoy.

Notas:

LECCIÓN 2: LA MENTIRA MÁS GRANDE

 BIENVENIDA Y ORACIÓN

 VERSÍCULO PARA MEMORIZAR

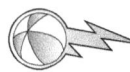 TIEMPO PARA JUGAR

 SUPLEMENTO 1: LECCIÓN PRÁCTICA

 OFRENDA

 ALABANZA Y ADORACIÓN

 BOSQUEJO DE LA LECCIÓN

 SUPLEMENTO 2: TIEMPO DE LECTURA

 ORACIÓN, ANUNCIOS, Y MATERIAL DE APOYO

 **Versículo para memorizar:** «El propósito del ladrón es robar y matar y destruir...».
(Juan 10:10a, *NTV*)

Serie: La mentira más grande

Academia de Superniños • Vol. 4/2.ª semana • La mentira más grande

TIEMPO PARA JUGAR — EL TELÉFONO

 **Tiempo necesario:** 5-7 minutos

 **Versículo para memorizar:** «*El propósito del ladrón es robar y matar y destruir*».

(Juan 10:10a, *NTV*)

 **Consejo para involucrar a los adolescentes:** Involucrar a los adolescentes como auxiliares es una gran forma de desarrollar la confianza en sí mismos, y un adolescente ameno y activo mantendrá a los niños involucrados y atentos.

Implementos: ☐ Lista de frases de "Teléfono", ☐ portapapeles, ☐ hoja de papel de color oscuro.

Frases de teléfono: A continuación encontrará una lista de frases. Puede agregar algunas si desea.
1. El diablo fue expulsado del cielo por revelarse en contra de Dios.
2. Dios hizo a Adán y a Eva a Su imagen y semejanza.
3. Satanás es un ladrón y fue ¡el primer y peor mentiroso de todos los tiempos!
4. Dios les dio a Adán y a Eva un gran regalo: ¡el planeta Tierra!
5. Satanás les mintió a Adán y a Eva sobre Dios.
6. La familia de Dios perdió todo cuando escucharon a Satanás.
7. Todo cambió, los leones se volvieron salvajes y el trabajo se tornó difícil.
8. Con Jesús, ¡podemos pisar la cabeza del diablo!

Antes del juego:

- Coloque las frases anteriores en el portapapeles y cúbralo con una hoja de papel oscuro, a fin de que los cadetes no las vean.

Instrucciones del juego:

- Pregúnteles a los niños: "¿A quién le gusta hablar por teléfono?". Este juego se llama: "teléfono", pero en lugar de hablar por teléfono, algunos de ustedes SERÁN el teléfono. Será de la siguiente manera: al igual que una línea telefónica lleva un mensaje, ustedes harán lo mismo: ¡serán como un teléfono humano! En este punto, escoja dos equipos con seis niños en cada uno. Pídales a los jugadores que formen una línea recta (y que dejen suficiente distancia entre ambos equipos), de pie —hombro con hombro— al frente de la habitación. Susurre la misma frase a la primera persona de cada equipo. La frase sólo debe decirla una vez, los jugadores deben escuchar con mucha atención. Luego esa persona se lo susurrará a la siguiente, y así sucesivamente; hasta que la frase llegue al último de la línea. Al llegar la frase a la última persona, debe repetírsela al grupo.

Objetivo del juego:

La frase debe ser lo más parecida posible a la inicial cuando llegue a la última persona. El equipo que repita la frase de la forma más precisa, gana. Juegue las veces que desee para darle la oportunidad de jugar a más cadetes.

Aplicación:

Al finalizar el juego, es fácil observar lo rápido que puede alterarse una verdad. Si escuchamos a un grupo de diferentes personas, en lugar de escuchar detenidamente la Palabra de Dios, ¡es posible que escuchemos cosas bastante raras!

La mentira más grande • Vol. 4/2.ª semana • Academia de Superniños

LECCIÓN PRÁCTICA — UN MAL NEGOCIO

Tiempo necesario: 10 minutos

Versículo clave: «—¡No morirán! —respondió la serpiente a la mujer—. Dios sabe que, en cuanto coman del fruto, se les abrirán los ojos y serán como Dios, con el conocimiento del bien y del mal».

(Génesis 3:4-5, NTV)

Consejo para el maestro: Por seguridad, si usted decide permitirles probar o tocar los alimentos, es importante que les pregunte a los niños o a los padres si son alérgicos a algún alimento.

Implementos: ☐ Barras de caramelo, ☐ una caja bonita de regalo con un calcetín sucio o una cáscara de banano adentro.

Instrucciones de la lección:

Pregunte Necesito a un superniño como asistente, a quien le guste hacer negocios. (Escoja un niño o niña entusiasta para que participe).

- Hoy, tengo preparado algo especial para mi ayudante. Quiero darle esta deliciosa barra de caramelo.

Pregunte ¿A cuántos de ustedes les gustan las barras de caramelo?

- Mmm, ¡eso se ve bien! (Persuádalos de que le dio algo valioso al niño y que fue bendecido por recibir ese regalo especial que le dio; no sea muy obvio o el niño se dará cuenta al momento de hacer la negociación).

- Sé que mi ayudante anhela comerse la barra de caramelo después de la clase de hoy; sin embargo, me pregunto si estaría dispuesto a regresármelo… e intercambiarlo por este hermoso regalo. (Esconda el regalo en una bolsa debajo de la mesa; comience a sacarlo al hacer la oferta).

Pregunte ¿Que piensas? ¿Te gustaría tener lo que está adentro de esta linda caja de regalo?

- (Déle un minuto o dos para que decida, es probable que los cadetes le griten qué debe hacer. Haga interesante el trato, ya que éste lo hará demostrar su punto. Si él o ella acepta, debe abrir el regalo frente a la clase. Tenga a la mano varias barras de caramelo en caso de rechazar el trato y que usted deba "llegar a un acuerdo" con un superniño diferente).

- ¡Oh no!, supongo que después de todo no fue un buen trato, ¿o sí?

- Eso me recuerda a alguien que no hizo una buena elección. En Génesis 3, se nos narra acerca de Adán y Eva, y del buen convenio que tenían con Dios. Ellos poseían un hermoso hogar en un huerto que Dios creó para ellos, podían caminar y hablar con Dios todas las tardes; incluso tenían toda clase de maravillosa comida a su disposición. Había árboles que siempre tenían frutos maduros para que Adán y Eva comieran cuando lo desearan. No obstante, cometieron un error. Creyeron en las mentiras del diablo y echaron a perder su convenio con Dios. Ellos desecharon todas esas cosas buenas. Niños y niñas, asegúrense de nunca intercambiar lo que saben —que Dios es un Dios bueno— ¡por las mentiras del diablo!

Consejo para el maestro: Devuélvale la barra de caramelo a su asistente, y explíquele que no va permitir que ellos acepten un "mal negocio" en la academia de superniños.

Notas: _____

Serie: La mentira más grande

Academia de Superniños • Vol. 4/2.ª semana • La mentira más grande

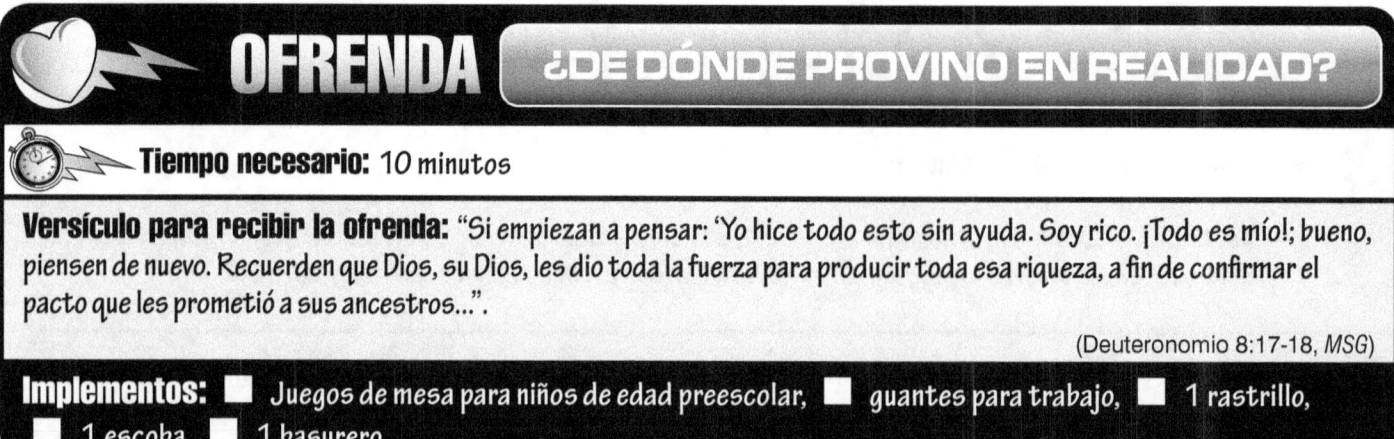

OFRENDA — ¿DE DÓNDE PROVINO EN REALIDAD?

Tiempo necesario: 10 minutos

Versículo para recibir la ofrenda: "Si empiezan a pensar: 'Yo hice todo esto sin ayuda. Soy rico. ¡Todo es mío!'; bueno, piensen de nuevo. Recuerden que Dios, su Dios, les dio toda la fuerza para producir toda esa riqueza, a fin de confirmar el pacto que les prometió a sus ancestros…".

(Deuteronomio 8:17-18, *MSG*)

Implementos: ☐ Juegos de mesa para niños de edad preescolar, ☐ guantes para trabajo, ☐ 1 rastrillo, ☐ 1 escoba, ☐ 1 basurero.

Instrucciones para recibir la ofrenda:

Pregunte ¿A cuántos de ustedes les pagan por las tareas que les asignan? ¿Cuántos han trabajado para ganar dinero extra?

- De acuerdo, todos sabemos que los niños no pueden salir y obtener empleo en un banco o en un centro comercial; sin embargo, tengo algunos objetos que me hacen pensar en empleos que los niños y las niñas sí pueden realizar. Lo primero es un juego para niños pequeños.

Pregunte ¿Qué creen que esto significa? (Escuche las sugerencias de los cadetes).

- Ser niñera es común entre las niñas, pero lo niños también pueden hacerlo. Aunque tengo otros artículos, un par de guantes y un rastrillo.

Pregunte ¿Qué piensan al respecto? (Aquí escuche otras respuestas)

- Trabajo en el jardín. Conozco niños que barren hojas o cortan el césped para ganar dinero extra. Las últimas cosas son: una escoba y un basurero.

Pregunte ¿Quién puede decirme que representan estos objetos? (Escuche las respuestas de los cadetes)

- Lo adivinaron, las tareas que se realizan en la casa, por ejemplo: limpiar y sacar la basura.

- ¿Han notado que cuando comienzan a trabajar para ganarse su dinero les es más difícil regalarlo? Eso me hace recordar un versículo de Deuteronomio: "Si empiezan a pensar: 'Yo hice todo esto sin ayuda. Soy rico. ¡Todo es mío! Bueno, piensen de nuevo. Recuerden que Dios, su Dios, les dio toda la fuerza para producir toda esa riqueza, a fin de confirmar el pacto que les prometió a sus ancestros…"; En otras palabras: No olviden que Dios les dio dos brazos y dos piernas fuertes para que puedan trabajar y ganar dinero. En segundo lugar, recuerden que Él les da grandes ideas, y lo más importante Él les da poder sobrenatural para ser prósperos (*NTV*). Creo que es un buen recordatorio para todos nosotros. Si estamos tentados a ser tacaños con Dios, recuerden que Él nos ha bendecido con un cuerpo y una mente saludables. Entonces la próxima vez que se esfuercen para ganar dinero, no olviden devolverle al Señor, quien primero les da ¡poder para hacerlo!

Notas:

La mentira más grande • Vol. 4/2.ª semana • Academia de Superniños

 **BOSQUEJO DE LA LECCIÓN** — **LA MENTIRA MÁS GRANDE**

 **Versículo para memorizar:** «Y les he dado a conocer tu nombre, y lo daré a conocer aún, para que el amor con que me has amado, esté en ellos, y yo en ellos».

(Juan 17:26)

I. UN TRAIDOR LLAMADO SATANÁS LLEGÓ AL HUERTO DE EDÉN Génesis 3

a. Él fue expulsado del cielo por traidor. Lucas 10:18
b. Satanás afirmó que sería igual al Altísimo. Isaías 14:12-14
c. En lugar de eso, Dios hizo a Adán y a Eva a Su imagen y semejanza. Eran iguales a Dios.
d. Esto enfadó muchísimo a Satanás. Desde entonces, ha intentado ser igual a Dios.

II. SATANÁS DIJO LA MENTIRA MÁS GRANDE PARA PODER ROBAR LA BENDICIÓN Génesis 3

a. Dios bendijo a Adán y a Eva con más de lo que ellos alguna vez pudieron haber pedido: "La dulce vida".
b. Satanás mintió y le dijo a Eva que Dios les ocultaba algo. Versículos 1-5
c. Ella creyó la mentira que le aseguraba que debía comer el fruto. Versículo 6
d. Cuando obedecieron la palabra de Satanás, <u>le permitieron</u> a él ser su dios y cambiaron la bendición de Dios por la maldición. Versículos 7-8
e. Dios no los maldijo, sólo les explicó cómo sería la vida sin LA BENDICIÓN: ¡TRABAJO DURO! Génesis 3:16-19

III. SATANÁS AÚN DICE MENTIRAS DE DIOS EN LA ACTUALIDAD

a. No lo escuchen, pues no hay verdad en él. Juan 8:44
b. El enemigo desea que lo niños crean que no le importan a Dios.
c. Satanás no quiere que los niños sepan que Dios los ama y que tiene grandes cosas planeadas para ellos.
d. Nuestro Padre celestial quiere que Su familia disfrute de nuevo de la: ¡La dulce vida!

 ***Una palabra de la comandante Kellie:*** Antes de iniciar la lección, quiero que analice seriamente la conversación que Satanás entabló con Eva. El diablo le mintió a Eva de diferentes maneras. Primero, él le hizo pensar que podía suplir su propia necesidad sin la ayuda de Dios. Luego, le dijo que podía ser semejante a Dios... ¡Y ELLA YA TENÍA la semejanza de Dios! La sabiduría de Dios estaba a su disposición, pero ella escogió la manera de Satanás para "conocer" la diferencia entre el bien y el mal. ¡Qué gran mentira! Todo lo que ella y Adán conocían era bueno, pero al obedecer a Satanás, obtuvieron (de inmediato se familiarizaron con) una vida llena de maldad. Nuestros niños necesitan comprender cuánto los odia el diablo y por qué. Ante esta revelación, me gusta preguntarles: "¿Por qué escucharían y obedecerían a alguien que los odia?". También es una buena oportunidad para hablarle a los superniños acerca de escuchar a sus padres, al igual que Eva debió escuchar al suyo. Satanás le hizo creer a Eva que su Padre le escondía algo. Hoy en día, él está intentando convencer a los niños de que sus padres están haciendo lo mismo, diciéndoles: "Ellos no quieren que te diviertas, ellos no comprenden". El enemigo no posee trucos nuevos, y nuestros superniños ¡no son fáciles de engañar! Esta semana, deje a los niños en suspenso... explicándoles que la próxima semana ¡Jesús entrará al rescate!

Serie: La mentira más grande

TIEMPO DE LECTURA — EL ENGAÑO DE DAVY

 **Consejo para involucrar a los adolescentes:** Repasar el guion antes de iniciar la clase e involucrar a los adolescentes como auxiliares es una gran forma de mantener a los niños involucrados y atentos.

 **Consejo para el maestro:** Se le dan opciones para desarrollar la presentación de la historia.

 **Consejo para el dibujante:** Corte el papel según el tamaño del pizarrón y péguelo. Trace un boceto a lápiz del dibujo antes de realizar la presentación durante la lección. Pues quizá no haya tiempo para completarlo y colorearlo en la escena. Difumine las líneas con borrador, a fin de que sean visibles para el dibujante, no para el público. Lea antes el guion para determinar el tiempo necesario para terminar la ilustración en el escenario. Cuando inicie la historia, use marcador negro para resaltar el dibujo, siguiendo las líneas guías. Después coloréelo usando tizas de color pastel. Luego difumine los colores con un pedazo de tela. Finalmente, quite el papel del pizarrón, enróllelo, amárrelo con bandas elásticas, y luego regáleselo a un niño.

Implementos para el dibujo: ☐ Caballete (para colocar el poliestireno expandido), ☐ 1 pieza grande de poliestireno expandido (Se recomienda una de 30" x 48", la cual puede comprar en una tienda de manualidades), ☐ 1 rollo de papel blanco tamaño pancarta (ya sea material del maestro o comprado en la tienda de manualidades) ☐ Marcadores negros (para el boceto y para delinearlo), ☐ tizas color pastel (de una tienda de manualidades), ☐ trapos (para mezclar la tiza), ☐ tijeras (para cortar el papel a la medida que se necesita), ☐ cinta adhesiva (para pegar el papel al poliestireno expandido), ☐ bandas elásticas (para amarrar el dibujo que se regalará), ☐ mesa pequeña (para colocar los implementos durante la lección), ☐ lápiz y borrador (los lápices de grafito son mejores), ☐ bata (para mantener limpia la ropa del dibujante).

Antes de la lectura:

De las siguientes opciones de presentación, escoja cuál se adapta mejor para su equipo.

1. Tiempo de lectura:

Seleccione su elenco con antelación (pueden ser miembros del equipo o superniños que sepan leer bien, y que además, tengan talento dramático y sean expresivos) para que lean las líneas de los personajes de la obra. La cantidad de personas que seleccione dependerá de cuántos personajes tengan líneas en la historia o cuántas personas tenga disponibles. Si no cuenta con muchas, puede utilizar una persona para que lea dos personajes. Sólo asegúrese que las voces sean distintas. Saque copias del guion y resalte las líneas de cada uno. Le sugerimos que realicen antes un ensayo de lectura, a fin de asegurarse que la lectura fluya. Para añadirle diversión, usen disfraces. Al principio de la historia, presente a su elenco.

Lista de personajes/disfraces:

Davy: Estudiante de primaria, gorra de visera y reloj de pulsera
Ronnie: *Jeans*, camiseta, lentes
Mamá: Delantal, libro de cocina
Papá: Camisa y corbata, periódico

2. Una historia ilustrada:

Si hay algún dibujante en su equipo, será de gran ayuda para su presentación. Mientras se lee la historia, el artista puede realizar un dibujo en relación al tema, el cual se regalará como premio al finalizar. Utilice este premio como incentivo para los superniños, a fin de que permanezcan callados y presten atención. Al inicio, deberá comprar algunos implementos, pero no permita que esa compra lo disuada para no utilizar esta opción. Una vez que compre el material, éste le durará mucho tiempo y podrá usarlo de nuevo.

Davy observaba su nuevo reloj y se preguntaba si en realidad marcaba la hora de la manera correcta. Su padre se lo había regalado hacía dos días. Él le dijo que lo había comprado en la nueva tienda que estaba enfrente a su lugar de trabajo. El reloj era muy bonito. Tenía una pulsera negra, con orilla color azul oscuro y una carátula plateada que brillaba cuando Davy apagaba la luz de su habitación. No tenía números, lo que hacía más interesante el reloj para Davy. Para él, los relojes que tenían números eran para bebés.

El problema era que acababa de salir de la escuela y su reloj nuevo marcaba las 9:30 p.m. Ésa era la hora en que Davy se dormía para ir a la escuela, y Davy ni siquiera estaba listo para irse a dormir. El sol todavía no se había ocultado, entonces Davy decidió que le preguntaría a su madre al respecto.

Cuando llegó a casa, Davy entró a la cocina y arrojó su mochila en una silla.

—Hola, cariño, ¿cómo te fue en la escuela? —preguntó su madre.

Davy meditó en su respuesta por un momento. A su madre le gustaba mucho hacerle esa pregunta, entonces Davy intentó pensar en algo extemadamente interesante que contarle, pero nada se le ocurría. Hoy, no había pasado nada interesante en la escuela. Nada emocionante ni nada dramático había sucedido. Mientras pensaba en eso, Davy recordó cuando su mejor amigo Ronnie, escupió su jugo de manzana en la cafetería. ¡Ése fue un día emocionante y memorable en la escuela! El Sr. Draper, el director, pasaba por casualidad por el lugar. El momento era perfecto, sus pies se resbalaron con la bebida, y en menos de un segundo el Sr. Draper cayó de espaldas, golpeando tres bandejas de comida y mandando a volar un par de sillas. El director Draper se puso de pie, ileso y sonriedo, su traje estaba decorado con pedazos de comida y toda la cafetería le aplaudió. Ronnie se subió sobre una silla y le agradeció a la multitud, reconociendo su agradecimiento por ser parte de la emoción. El Sr. Draper le sonrió a los estudiantes, mientras pensaba que él lo había planeado para que todos se divirtieran. Al recordar ese suceso divertido, Davy se preguntaba, por qué la escuela no podía ser tan divertida todo el tiempo. Aparte de lo que se conocía como "el incidente con el jugo de manzana", la escuela era a menudo una rutina.

—Te pregunté cómo estuvo la escuela —le repitió la madre de Davy.

—Estuvo bien —respondió Davy—. Estuvo maravillosa, asombrosa. Mamá, la clase de matemática estuvo increíble.

—Davy, no te pases de listo —le advirtió su madre.

—Sólo estoy bromeando —dijo Davy sonriendo—. ¿Puedo ir a la casa de Ronnie?

—Regresa a casa para la hora de la cena. "¡Y no hagas ninguna travesura parecida a la del jugo de manzana!"

Davy agarró una galleta del mostrador y se dirigió a la puerta.

—¡Me gusta cómo se ve tu reloj nuevo! —le dijo su mamá sonriendo—. Al menos sabrás a qué hora salir de la casa de Ronnie, y venir a cenar.

Davy levantó su muñeca para que su mamá pudiera ver de nuevo su reloj. —Con este reloj, quizá regrese a casa hasta las dos de la mañana. Mira la hora, ¡dice que son más de las 9:30 p.m.!

Davy no estaba tan feliz por su regalo como lo estaba en la mañana. Su madre revisó la carátula de su reloj. Después de un momento, miró a su hijo y le sonrió.

—Davy, estás usando tu reloj al revés —le dijo su madre—. En realidad son las 3:00 p.m.

—Supongo que necesito un reloj que no me engañe —respondió Davy entre dientes, mirando el reloj, como si éste mismo se hubiera colocado al revés.

En el camino a la casa de Ronnie, Davy pasó cerca de un cartel que estaba pegado a una valla de madera. La palabra **concurso**, llamó su atención. Davy se detuvo para leer de qué se trataba. El cartel decía: Un gran premio se le otorgará al mejor *whopper* inventado por el concursante. Davy nunca había escuchado algo llamado "Concurso de cuentos". Cuando llegó a la casa de Ronnie, le contó del anuncio.

—¿Qué es un concurso de cuentos? —le preguntó a su amigo. Entonces Ronnie le sonrió a Davy.

—¿De verdad, no sabes qué es? —le preguntó Ronnie—. Es un concurso para saber quién puede decir la mentira más grande. Es decir, una historia, una fábula. De seguro, habrás escuchado el término *whopper*.

—Ahora que recuerdo, leí esa palabra en el anuncio —admitió Davy después de meditar en ello por un momento.

—Así es —dijo Ronnie—, en ese anuncio no se están refiriendo a las hamburguesas. Pues el significado de esa palabra en español es: una mentira enorme. Por tanto, ése es un concurso para decir mentiras.

En ese momento, Davy no estaba pensando en la parte de decir mentiras. Pues estaba demasiado concentrado en la idea de ganar algo maravilloso. Sólo podía enfocarse en las palabras: **Misterioso** y **gran**. Davy pensaba: "Me pregunto cuál será el misterioso

gran premio". "Sería genial ganar algo para mi mamá y mi papá". Entonces Davy decidió participar en el concurso para ganar el premio... sin importar qué fuera.

Ronnie hizo un gesto de incredulidad cuando Davy le dijo su plan. Burlándose de él le dijo: "¡Serías el peor participante de todos los tiempos! Eres el peor mentiroso que conozco. De hecho, ¡no sé si alguna vez hayas dicho una mentira!".

Davy pensó en eso por un momento. Su amigo tenía razón, Davy siempre decía la verdad, y también le parecía que esto era lo más fácil de hacer. Por lo regular, mentir es complicado y peligroso.

—Puedo practicar —dijo Davy—. Quizá si practico por unos días, pueda descubrir que es un talento escondido.

—Si fuera tú, lo olvidaría. Ni siquiera sabes cuál es el premio —respondió Ronnie con duda.

Davy miró su reloj, el cual parecía marcar las 10:30.

—Son las 4:00. Debo irme —dijo Davy—. Ronnie, te veo mañana en la escuela.

Camino a casa, Davy pensó en formas para poder mentir. De hecho, él necesitaba decir una gran mentira, una enorme. Para ganar el misterioso gran premio, Davy debía decir la mentira más grande de todas.

Cuando entró por la puerta, su madre le dijo que la cena estaba lista. Davy decidió que ésa era una buena oportunidad para practicar, entonces dijo lo primero que se le ocurrió.

—Ya comí en la casa de Ronnie. Su mamá sirvió la cena temprano y me pidió que la ayudara a terminarla, pues había cocinado mucho.

—¡Eso fue muy dulce de su parte! Y lo mejor de todo, como ya cenaste, tendrás más tiempo para limpiar tu habitación mientras tu padre y yo cenamos. La revisé hoy, y ¡es un desastre!

Davy se fue a su cuarto y echó un vistazo. ¡Era un basurero! En ese momento, podía sentir el olor a hamburguesas con barbacoa, y el estómago hizo un ruido en protesta por hambre.

—Cielos ¡me equivoqué! ¡Esa fue la mentira más tonta que se me pudo haber ocurrido! —Pensó Davy. Cuando terminó de limpiar su habitación, estaba cansado y MUY hambriento.

Al llegar a la cocina, observó que la cena se había acabado y que su mamá estaba lavando los platos.

El padre de Davy estaba leyendo el periódico, y sin mirarlo le preguntó a Davy: "¿Cómo estuvo tu día, campeón?".

Davy pensó por un momento, y luego decidió que tenía otra oportunidad para intentar decir una "mentira" real. Si podía engañar a sus padres, era probable vencer a un grupo de desconocidos.

—Papá, quizá te parezca increíble, pero nunca había tenido un día como el de hoy. Entonces su padre bajó el periódico.

—Tuvimos un día muy interesante. Primero hubo fuego, luego agua y por último hielo".

De inmediato, Davy se preguntó de dónde se le había ocurrido eso, y también pensó en la cena que no disfrutó. Luego el padre de Davy puso a un lado su periódico.

—Esto tengo que escucharlo, pues la escuela nunca fue tan interesante cuando tenía tu edad —Le dijo su padre.

Davy tragó saliva y se sintió desesperado.

—Bueno, todo comenzó cuando Paulie Madison se quitó los anteojos durante el receso. Estábamos jugando a las escondidas y él no quería quebrarlos, así que los colocó sobre su mochila. Minutos después, la mochila de Paulie ¡estaba en llamas!

—¿Cómo fue que se incendió? le preguntó su madre desconcertada.

—Supongo que los lentes actuaron como una lupa creando un incendio en la mochila de Paulie —respondió Davy después de que aclaró su garganta.

—¿Y que pasó con el agua? —Le preguntó su padre. ¡Quiero saber qué pasó con el agua! Entonces Davy respondió: "Eso es un poco más complicado. El agua provenía de un pequeño extinguidor que estaba colgado en la pared del patio. Uno de los maestros lo tomó y lo roció sobre la mochila".

—Bueno eso está bien —respondió su padre con una expresión de alivio. —Y ¿se molestó Paulie por su mochila?

—Yo no sabía que los extinguidores tuvieran agua adentro. —expresó su madre, antes de que Davy pudiera responderle a su padre —¿Acaso no tienen alguna clase de químico o algo así?

—Sabes algo, tienes razón —respondió el papá de Davy. —Ahora que lo mencionas, los fabricantes sí los llenan con químicos.

—El extinguidor era viejo —explicó Davy con exasperación—. Prácticamente, es prehistórico, así como todo lo demás en la escuela.

—¿Qué pasó con el hielo? Tú dijiste que hoy en la escuela hubo fuego, agua Y hielo. —Le preguntó su mamá en ese momento.

—Es cierto, el hielo. El hielo... ¡Cielos! ¡El hielo! —expresó Davy tartamudeando, y pensando rápido, levantando la mirada y dándose cuenta que le faltaba inventar otra mentira.

En ese momento, la mente de Davy estaba totalmente en blanco. No pudo pensar en una simple historia en donde mencionara el hielo. De hecho, Davy comprendió que no quería decir una historia de hielo ni ninguna otra historia. ¡Esta historia era exhaustiva!

—Davy, ¿estás bien? —le preguntó su padre.

Davy exhaló y se sentó con la espalda recostada en el sillón donde estaba sentado su padre.

—Papá, ¿puedo decirte algo? —le preguntó Davy.

—Pensé que ya lo estabas haciendo —le replicó su padre.

—Papá, te quiero contar lo que lo que en realidad sucedió hoy.

—Cuéntame Davy —le respondió su padre mirándolo con sus anteojos sobre la punta de la nariz.

—Bien, yo lo inventé todo. —Admitió Davy.

Davy escuchó la voz de su madre desde la cocina, a donde ella se había dirigido unos minutos antes.

—¿No hubo fuego? —le preguntó.

—No —respondió Davy.

—¿Tampoco agua? —le expresó su padre.

—Ni una gota —contestó Davy.

—Supongo que tampoco hielo —replicaron sus padres al unísono.

A Davy le parecía extraño que a veces su mamá y su papá dijeran lo mismo al mismo tiempo.

—Tampoco, pero sí había decidido inscribirme en un concurso bastante tonto —explicó Davy.

Davy les contó acerca del anuncio, del misterioso gran premio sorpresa e incluso de la cena falsa en casa de Ronnie. Cuando estaba terminando de decir todo, de manera asombrosa se sintió mucho mejor.

—Hijo, estoy muy contento que quisieras ganar algo para tu madre y para mí, pero es probable que no te hayas dado cuenta que no vale la pena mentir para ganarte un gran premio —expresó el padre de Davy, después de pedirle que se sentara a su lado.

—Lo que debes recordar es que ningún premio es bueno si es necesario mentir. También hay algo más, hijo. La mentira más grande fue dicha hace 6,000 años, y nadie más ha dicho una mentira de tal magnitud —continuó su padre, mientras Davy lo observaba.

—Todo sucedió en el huerto de Edén, cuando una serpiente mentirosa le dijo a los hijos de Dios que su Padre no era tan bueno como creían.

—¡Te refieres al diablo! —le dijo Davy.

—Así es, Dios siempre dice la verdad, y el diablo siempre miente. Es bastante simple —expresó el padre de Davy

—No más concursos para mí, no más cuentos, ni mentiras ni fábulas —expresó Davy, lo suficientemente fuerte para que su madre lo escuchara.

—Una cosa más, papá y mamá —les dijo Davy—. Creo que deberían castigarme por decirles una mentira como ésa.

—Hijo, te adelantaste, sé exactamente lo que necesitas —respondió el padre de Davy, sonriendo y asintiendo con la cabeza, mientras la madre lo miraba con asombro; luego tomó su Biblia y se la dio a Davy—. Vamos a compartir un tiempo juntos con la Palabra.

—Sí, señor, eso es exactamente lo que necesito depositar en mi mente y mi corazón —respondió Davy, después de tomar la Biblia y dar un profundo suspiro.

—Ya no me contaste de tu día, ¿cómo te fue en la escuela? —le preguntó su padre más tarde, poniendo su brazo alrededor de Davy.

—Me fue bastante bien —contestó Davy—. Descubrí cómo decir la hora...¡al revés!

—¿Quién te enseñó eso? —le preguntó su padre, mientras miraba el nuevo reloj de su hijo.

Davy miró a su madre mientras se acercaba a ellos cuando salía de la cocina.

—Podríamos decir que yo mismo —respondió Davy, su madre le dio una porción grande de tarta de manzana y le sonrió.

—Gracias, mamá. ¡Eres la mejor! —expresó Davy, sentándose y dándole una mordida a la tarta.

Notas:

LECCIÓN 3: JESÚS AL RESCATE

 **BIENVENIDA Y ORACIÓN**

 **VERSÍCULO PARA MEMORIZAR**

 **TIEMPO PARA JUGAR**

 **SUPLEMENTO 1: DRAMA**

 **OFRENDA**

 **ALABANZA Y ADORACIÓN**

 **BOSQUEJO DE LA LECCIÓN**

 **SUPLEMENTO 2: COCINA DE LA ACADEMIA**

 **ORACIÓN, ANUNCIOS, Y MATERIAL DE APOYO**

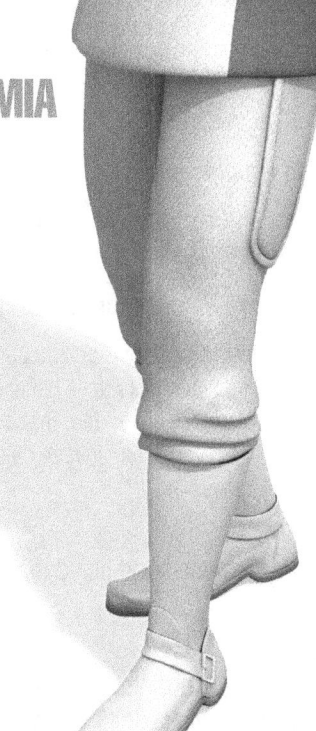

 **Versículo para memorizar:** «*El propósito del ladrón es robar y matar y destruir; <u>mi propósito es darles una vida plena y abundante</u>*».

(Juan 10:10, *NTV*)

Serie: Jesús al rescate

Academia de Superniños • Vol. 4/3.ª semana • Jesús al rescate

TIEMPO PARA JUGAR — ENCUENTREN LOS DULCES

Tiempo necesario: 5-10 minutos

Versículo para memorizar: «El propósito del ladrón es robar y matar y destruir; mi propósito es darles una vida plena y abundante». (Juan 10:10, *NTV*)

Consejo para el maestro: Por seguridad, si usted decide permitirles probar o tocar los alimentos, es importante que les pregunte a los niños si son alérgicos a algún alimento.

Consejo para involucrar a los adolescentes: Involucrar a los adolescentes como auxiliares es una gran forma de desarrollar la confianza en sí mismos, y un adolescente ameno y activo mantendrá a los niños involucrados y atentos.

Implementos: ☐ 1 bolsa grande de *Skittles®* ácidos, ☐ 1 bolsa grande de *Skittles®* originales, ☐ bolsas de plástico con cierre, ☐ un marcador (para etiquetar las bolsas), ☐ un portapapeles "con la descripción de las rondas" (las rondas se encuentran al final de esta hoja), ☐ hojas de papel oscuro, ☐ música alegre de fondo.

Antes del juego:

- Coloque la descripción de las rondas en el portapapeles, cubierta con una hoja oscura, a fin de que los cadetes no vean las respuestas. Prepare dos bolsas de *Skittles* para cada ronda de juego. Etiquete las dos bolsas con el número "de ronda". Lea la descripción de la ronda para colocar los números. Asegúrese de colocar la misma cantidad de dulces en las bolsas.

Instrucciones del juego:

Pregunta ¿A alguien le gustan los dulces? ¿Les gustan los *Skittles*?

- Eso es grandioso, pues este juego se trata de encontrar dulces. En cada bolsa hay 15 *Skittles*. Algunos son dulces y otros ácidos. Necesitamos cadetes que nos digan cuántos dulces hay en cada bolsa.

Pregunta ¿Cuál es la mejor manera de descubrirlo? ¡Comiéndoselos!

- Escoja dos jugadores, elegir un niño y una niña puede ser muy divertido. Dé a cada jugador una bolsa con la cantidad de *Skittles* según la ronda No. 1. Después que les dé la señal de inicio, indíqueles que se coman los *Skittles*, contando cuántos son dulces. Una vez que ambos jugadores se hayan terminado los dulces, deben decirle al oído la respuesta. Antes de anunciar al ganador, dígale al público cuáles fueron las respuestas. Juegue de tres a seis rondas dependiendo de su preferencia y tiempo disponible.

Objetivo del juego:

Durante la emoción del juego puede ser difícil concentrarse, pero asegúrese de impedir distracciones y ¡no perder la cuenta!

Aplicación:

Todos los *Skittles* se ven dulces, pero algunos son muy ácidos. ¿Acaso no es bueno saber que la vida que Dios desea para nosotros SIEMPRE es dulce y nunca ácida? Junto a Jesús, en realidad gozamos de una "¡vida dulce!"

Ronda No. 1		Ronda No. 2		Ronda No. 3		Ronda No. 4		Ronda No. 5		Ronda No. 6	
Dulces	3	Dulces	8	Dulces	5	Dulces	7	Dulces	9	Dulces	4
Ácidos	12	Ácidos	7	Ácidos	10	Ácidos	8	Ácidos	6	Ácidos	11

Serie: Jesús al rescate

DRAMA

EN EL MEJOR DE LOS CASOS: "ALCANZAR LA CIMA"

Concepto: Al estilo *reality show*, una variación del programa estadounidense llamado: "El peor de los casos". Éste enfatiza la vida de niños que han encontrado retos, pero que los han vencido con el poder de Dios y Su Palabra. Presentado por un narrador de programa de televisión.

Descripción de los personajes:

Narrador: Con personalidad de presentador de televisión
- Opción: Si no cuenta con un estudiante que pueda desempeñar el papel, puede sustituirlo con una grabación o un diálogo pre-grabado.

John Mark: Un agradable niño cristiano

Nick: Vecino que practica el patinaje y es adicto a los videojuegos

Disfraces:

Narrador: chaqueta de color oscuro
John Mark: ropa casual, de moda
Nick: camisa negra o camisa de patinador, y pantalones rasgados

Implementos: ☐ Una mesa y dos sillas, ☐ agregue accesorios con los que disponga para crear un ambiente "hogareño" (ejemplo: una revista sobre la mesa, zapatos en el piso), ☐ 3-5 hojas, dobladas para balompié de papel, ☐ 2 video juegos.

Notas:

(Empieza con el narrador ubicado en medio del escenario).

NARRADOR:
Bienvenidos a "En el mejor de los casos", el programa que les permite observar las situaciones de la vida diaria de niños cristianos. Quizá ustedes piensen: "¿Qué hay de emocionante en eso?". Quédense con nosotros, y les mostraremos. En un momento, veremos cómo una situación desafiante se convirtió "En el mejor de los casos". En otras palabras, el mejor resultado en una situación normal.

Ahora, permítanme presentarles a nuestros personajes. Él es John Mark. Tiene 11 años de edad. Sus pasatiempos son jugar videojuegos, balompié de papel y escupir a grandes distancias. Su frase favorita es: "¡Haz las cosas mejor de lo que parecen!".

Él es el vecino de John Mark, Nick. Nick tiene 15 años. Entre sus pasatiempos está jugar videojuegos toda la noche, el patinaje y dormir. Su frase favorita es: "Cielos".

El tema de hoy es: "Ningún precio es tan alto". ¿Podrá convencer John Mark a Nick de que Jesús es el Único que puede vencer cada nivel del infierno?
¿Creerá Nick que Jesús pagó el precio más alto para salvar su vida? Descubrámoslo.

(El narrador se queda inmóvil a un lado del escenario; Nick toca la puerta o se queda fuera del escenario antes de entrar; John Mark está sentado a la mesa jugando balompié de papel).

JOHN MARK:
Adelante. Justo a tiempo. No te muevas.

(Nick entra, pero luego se queda quieto. John Mark de inmediato dirige su pelota hacia Nick e intenta golpearlo; John Mark debe reaccionar contento si logra pegarle, y desanimado si falla).

NICK:
Hola, ¿qué haces?

JOHN MARK:
Nada. Sólo estoy practicando mis habilidades para jugar balompié de papel.

(Nick le entrega un videojuego a John Mark mientras está hablando).

NICK:
Sólo vine a devolverte tu juego "Alcanzar la cima". Y también quiero darte algo más, por ser tan buen amigo al prestarme tus juegos. Dale un vistazo a este videojuego: "Infierno profundo 5". Hay personajes escalofriantes que rocían vómito verde venenoso sobre ti, ¡es grandioso!

JOHN MARK:
Eres muy amable. Aunque creo que no lo tomaré. Pero hablando del infierno, sé mucho al respecto.

(John Mark le devuelve el videojuego malo a Nick mientras habla).

NICK:
¿En serio?

JOHN MARK:
Sí, de hecho mi mejor amigo, ha ganado todos los juegos que hay del infierno.

NICK:
¡Continúa! Amigo, ¿cómo es eso posible? Hay muchos juegos del infierno.

(Nick golpea a John Mark en el brazo).

JOHN MARK:
Bueno, en realidad Él ya estuvo ahí.

NICK:
¡No puede ser!

JOHN MARK:
Sí. Él fue al infierno, y vivió para contarlo.

NICK:
¡Cielos!

JOHN MARK:
Es cierto. Él lo hizo para que tú pudieras ser parte de Su familia.

NICK:
Amigo, ¡siempre quise ser adoptado!

JOHN MARK:
Su nombre es Jesús, el Hijo de Dios; y Él vino para que pudieras disfrutar de una vida plena. ÉL tiene planes asombrosos para ti.

NICK:
Siempre quise patinar en los *X—Games*. ¿Podrías preguntarle si eso está en el plan?

JOHN MARK:
No, pero puedes hacerlo tú.

NICK:
No lo sé, amigo. No soy como el Papa. Orar no es mi especialidad.

JOHN MARK:
Es fácil. Si quieres, ahora mismo puedo ayudarte a orar. Sólo debes repetir después de mí.

NICK:
Muy bien.

(John Mark toma de la mano a Nick, y ambos inclinan su cabeza para orar, luego se quedan quietos. La atención ahora se dirige hacia el narrador que está a un lado del escenario).

NARRADOR:
Ahí lo tienen. En el mejor de los casos. En lugar de mirar y asustarse por el videojuego "Infierno profundo 5", John Mark lo utilizó para hablar de Jesús; el mejor ejemplo para "alcanzar la cima". Nick entregó su vida a Dios y se unió a un grupo de patinadores cristianos quienes entrenan para los juegos extremos; y para mostrar su agradecimiento, en lugar de regalarle el videojuego "Infierno profundo 5", le dio a Jonh Mark uno de béisbol.
Hablando del mejor de los casos. No podía ser mejor.

(Sale el narrador, luego John Mark y Nick).

Notas:

Academia de Superniños • Vol. 4/3.ª semana • Jesús al rescate

OFRENDA — ¿QUIÉN ESTÁ INVITADO?

Tiempo necesario: 10 minutos

Versículo para recibir la ofrenda: «Dijo también al que le había convidado: Cuando hagas comida o cena, no llames a tus amigos, ni a tus hermanos, ni a tus parientes, ni a vecinos ricos; no sea que ellos a su vez te vuelvan a convidar, y seas recompensado. Mas cuando hagas banquete, llama a los pobres, los mancos, los cojos y los ciegos; y serás bienaventurado; porque ellos no te pueden recompensar, pero te será recompensado en la resurrección de los justos».
(Lucas 14:12-14)

Consejo para el maestro: Por seguridad, si usted decide permitirles probar o tocar los alimentos, es importante que les pregunte a los niños o a los padres si son alérgicos a algún alimento.

Implementos: ☐ Tarta de cumpleaños (si desea hacerlo más divertido, agregue algunas velas; y reparta un pedazo de tarta al final de la clase).

Instrucciones para recibir la ofrenda:

- Delicioso, ¡tarta de cumpleaños!

 **Pregunte** ¿Quién desea compartir un pedazo de tarta conmigo?

- Me divierto mucho en las fiestas de cumpleaños; y saben algo, ¡entre más amigos asistan a la fiesta, mucho mejor! Pero ¿cuántos de ustedes conocen a niños que no los invitan a fiestas muy seguido? Quizá no se acoplan muy bien con el resto de niños; ellos son con los que nadie quiere jugar y a quienes nadie desea invitar a su casa. Podrían llamarlos los "marginados".

- ¿Sabían que Jesús tiene algo que decirnos acerca de los "marginados"? Permítame leer lo que Él afirmó: «Dijo también al que le había convidado: Cuando hagas comida o cena, no llames a tus amigos, ni a tus hermanos, ni a tus parientes, ni a vecinos ricos; no sea que ellos a su vez te vuelvan a convidar, y seas recompensado. Mas cuando hagas banquete, llama a los pobres, los mancos, los cojos y los ciegos; y serás bienaventurado; porque ellos no te pueden recompensar, pero te será recompensado en la resurrección de los justos». Jesús estaba describiendo a las personas que eran diferentes. Él amaba a los "marginados", aquellos que parecían no encajar en la sociedad. Cuando ustedes invitan a los que no tienen amigos a su fiesta de cumpleaños, o juegan con ellos cuando nadie más lo haría, están actuando como Jesús. Y Él nunca margina a nadie. Él vino para incluirnos a todos, cerca de Él y de ¡Su familia! Escuchen esto: Jesús afirmó que al hacer, eso serían una bendición y también ¡serían bendecidos!

Notas: _____

_____

_____

_____

_____

_____

BOSQUEJO DE LA LECCIÓN — JESÚS AL RESCATE

Versículo para memorizar: «El propósito del ladrón es robar y matar y destruir; <u>mi propósito es darles una vida plena y abundante</u>».

(Juan 10:10, *NTV*)

I. LA FAMILIA DE DIOS ESTABA EN GRANDES PROBLEMAS Génesis 3:17
a. Adán y Eva se escondieron de su Padre celestial.
b. Ellos intercambiaron el plan de Dios por el plan del diablo.
c. Cada vez que el diablo se sale con la suya, hay algo secreto y escondido.
d. Dios quiere que corramos hacia Él cuando tengamos problemas.

II. DIOS TENÍA UN PLAN PARA RECUPERAR A SUS HIJOS
a. Nuestro Padre celestial no estaba dispuesto a perdernos. Juan 3:16
b. ¡Ningún precio era tan alto para recuperar a Su familia!
c. Él ya tenía un plan para derrotar al enemigo. Génesis 3:15
d. Jesús era el cordero inmolado antes de la creación del mundo. 1 Pedro 1:18-20

III. JESÚS NOS TRAJO DE VUELTA AL HUERTO
a. ¡Él nos rescató de la maldición! Colosenses 1:13
b. Nuestro Salvador restauró LA BENDICIÓN de Dios para nosotros. Romanos 5:1-2
c. Satanás vino para matar, robar y destruir; sin embargo, Jesús vino para dar vida: "La dulce vida". Juan 10:10
d. Debemos escoger "¡La dulce vida!".

Una palabra de la comandante Kellie: ¡Dios siempre consigue lo que desea! Él deseaba una familia y quería que fuera fructífera: BENDECIDA. Éste es el momento oportuno para aclarar la diferencia entre el propósito de Jesús y el de Satanás para nuestra vida. Asocie el versículo para memorizar de la semana pasada para que los niños comprendan mejor lo que Jesús hizo por nosotros. Jesús estuvo dispuesto a obedecer a Su Padre, sin importar lo que <u>Él deseaba hacer</u> (Juan 5:30). Adán y Eva escogieron hacer lo que <u>ellos querían</u>. Satanás se convirtió en su dios. Ellos debían vivir bajo su gobierno; bajo la maldición. A quien decidan obedecer se convertirá en su dios. Antes de que Jesús viniera, la única opción que teníamos era vivir bajo la maldición. Jesús derrotó a Satanás y nos otorgó el derecho de escoger ¡LA BENDICIÓN! Aprovecho cada oportunidad que tengo para mencionar "La dulce vida". Ésta es una de las verdades esenciales que deseamos que los niños mantengan en sus pensamientos. Es asombroso cómo comprenden esta simple verdad: Dios tiene un plan para ellos; y deben escucharlo a Él y obedecerle (así como también a los agentes que Él designó en sus vidas: mamá y papá). Él les dará una vida tan maravillosa que no se la podrán imaginar (Jeremías 29:11). Me gusta mucho ver cómo reaccionan cuando comprenden esta verdad, ¡se emocionan bastante!

Notas: _____

Academia de Superniños • Vol. 4/3.ª semana • Jesús al rescate

LA COCINA DE LA ACADEMIA — ¡EXPLOSIÓN DE HUEVOS!

Tiempo necesario: 10 minutos

Versículo clave: «Y al hombre dijo: Por cuanto obedeciste a la voz de tu mujer, y comiste del árbol de que te mandé diciendo: No comerás de él; maldita será la tierra por tu causa; con dolor comerás de ella todos los días de tu vida». (Génesis 3:17)

Implementos: ☐ Horno microondas, ☐ mesa pequeña, ☐ un tazón mediano, ☐ una cuchara para mezclar, ☐ un plato, ☐ una lona de plástico desechable.

Receta:

Ingredientes: ☐ 1 docena de huevos, ☐ mostaza, ☐ mayonesa, ☐ sal y pimienta, ☐ una rodaja de pan.

Antes de la actividad:

- Prepare el área donde trabajará antes del servicio, para que cuando coloque la lona no exista la posibilidad de que los cadetes ensucien el lugar. El elemento sorpresa de esta lección marcará un gran impacto, pues hará explotar un huevo en el microondas. Esto nos tomó 56 segundos en el nivel más alto de nuestro horno de microondas. Entonces asegúrese de permanecer a un lado, ya que la explosión forzará a que se abra la puerta. Hará un ruido fuerte; habrá un poco de desorden, pero vale la pena. No hay humo ni olor a quemado, ¡sólo pedazos de huevo por todos lados! Un pequeño consejo de limpieza: Coloque una taza de agua en el microondas y caliéntela por 2 ó 3 minutos, y deje reposar unos minutos más; el vapor despegará las partículas de huevo. (Asegúrese de tener suficiente espacio para tener el microondas a una distancia segura, lejos del grupo).

Instrucciones de la lección:

Pregunte ¿Cuántos de ustedes han comido un sándwich de ensalada de huevo?

- Son muy ricos y fáciles de preparar, entonces pensé que hoy les podría enseñar cómo preparar una ensalada de huevo. Tengo todos los ingredientes: huevos, mayonesa, mostaza (en lo particular, me gusta mucha mostaza), sal y pimienta. Sólo hay un pequeño problema, la receta indica que primero debo hervir los huevos, pero no tuve tiempo; entonces no pude hacerlo antes de venir a la iglesia.

- Pero se me ocurrió que los podía cocinar en el microondas. Será más rápido. (Coloque un huevo en el centro del microondas; y cocínelo durante 1 minuto y 1/2; asegúrese de permanecer a un lado y continúe hablando mientras se cocina el huevo). Bueno, el huevo debe estar listo en cualquier momento… (Continúe hablando hasta que el huevo explote).

- ¡Cielos, ¿qué pasó?! Supongo que mi idea de colocar un huevo en el microondas no era tan buena. Superniños, aprendan de mi error, y ¡nunca coloquen un huevo en el microondas! Esto me recuerda a una pareja que se menciona en la Biblia que tampoco hizo las cosas de la manera correcta. Sí, estoy hablando de Adán y Eva. En lugar de obedecer lo que Dios les había dicho, hicieron lo contrario. Creyeron en las mentiras del diablo y desobedecieron a Dios. Así como mi idea de colocar el huevo en el microondas, provocó una gran explosión e hizo un gran desastre; ocurrió lo mismo con la idea de Adán y de Eva de hacerle caso al diablo. Niños y niñas, mi desorden se puede limpiar con un poco de agua y jabón; sin embargo, el de Adán y Eva sólo podía limpiarse de una manera: Con la Sangre de Jesús. También estoy muy agradecido de que Jesús estuviera dispuesto a limpiar el desorden de Adán y Eva, ¿y ustedes?

Serie: Jesús al rescate

LECCIÓN 4: HONREN A DIOS

 BIENVENIDA Y ORACIÓN

 VERSÍCULO PARA MEMORIZAR

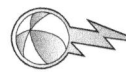 TIEMPO PARA JUGAR

 SUPLEMENTO 1: LECCIÓN PRÁCTICA

 OFRENDA

 ALABANZA Y ADORACIÓN

 BOSQUEJO DE LA LECCIÓN

 SUPLEMENTO 2: COCINA DE LA ACADEMIA

 ORACIÓN, ANUNCIOS, Y MATERIAL DE APOYO

 **Versículo para memorizar:** «...porque yo honraré a los que me honran, y los que me desprecian serán tenidos en poco».

(1 Samuel 2:30b)

Serie: Honren y obedezcan

Academia de Superniños • Vol. 4/4.ª semana • Honren a Dios

 **TIEMPO PARA JUGAR** — **SERIE DE JUEGOS: TRES EN LÍNEA**

 **Tiempo necesario:** 5-10 minutos

 **Versículo para memorizar:** «...porque yo honraré a los que me honran, y los que me desprecian serán tenidos en poco».

(1 Samuel 2:30b)

 **Consejo para involucrar a los adolescentes:** Involucrar a los adolescentes como auxiliares es una gran forma de desarrollar la confianza en sí mismos, y un adolescente ameno y activo mantendrá a los niños involucrados y atentos.

Implementos: ☐ 9 recipientes plásticos (de varios colores y diseños), ☐ 9 "meriendas" para colocar en cada recipiente (tarta de frutas, cubiletes, etc.), ☐ portapapeles (para las preguntas), ☐ preguntas de la lección de la semana pasada (escriba sus propias preguntas o utilice las sugeridas) Opcional: Si desea escribir sus propias preguntas, le damos un ejemplo. ☐ música de fondo para utilizar durante el juego (música instrumental para juegos es la apropiada). ☐ velcro (para pegar las X y las O en los recipientes), ☐ 5 dibujos o impresiones de las X y 5 de las O (para pegar con velcro en la parte trasera de los recipientes).

Opcional: Vestuario del anfitrión y del asistente: chaqueta llamativa, lentes de sol, vestido, etc.
Opcional: Alguien que indique cuándo aplaudir como en los juegos de televisión.

Antes del juego:

- Debido a que ésta es una "serie de juegos" que corresponde a las enseñanzas semanales, la preparación inicial necesitará más esfuerzo, pero al público ¡le encantará! Infórmeles a los superniños que realizarán este juego durante las siguientes tres semanas de enseñanzas: Honren y obedezcan; y que utilizará preguntas de la semana pasada para jugar: Tres en línea. Observe la manera en que su grupo pone atención.

1. En la parte de atrás de cada recipiente, coloque dos piezas de velcro. Debe colocarlas en la posición correcta para sostener la X o la O.

2. Dibuje cinco X y cinco O en papel de colores llamativos (el amarillo es mejor). Le recomendamos utilizar el mismo color para todas sus X y O, en caso de que algún superniño le dé un vistazo al recipiente. Los cadetes son inteligentes, entonces pueden saber el significado de los diferentes colores.

3. Emplastique las X y las O para que no las rompan al momento de cambiarlas de recipientes en las siguientes semanas.

4. Coloque la otra parte de velcro en las X y O emplasticadas.

5. Coloque una X o una O a cada recipiente. Le sobrará una X o una O. Por ejemplo, si utiliza más X que O, la semana siguiente deberá hacer lo contrario.

6. Coloque una merienda en cada recipiente.

7. Coloque los recipientes sobre su escenario, ocultándoles las X y las O a los superniños.

8. Coloque las preguntas en el portapapeles. (Escriba las suyas o utilice las sugeridas).

Instrucciones del juego:

- Encienda de inmediato la música del juego. La base para este juego es la buena presentación. Para hacer las cosas más interesantes, utilice un asistente en el espectáculo para que le dé vuelta a los recipientes (como lo haría un glamoroso asistente de espectáculos, con un llamativo movimiento de manos). También le recomendamos trajes llamativos. En la tiendas de segunda mano, puede conseguir este tipo de atuendo.

- Exprese: "¡Bienvenidos a Tres en líneaaaa! El juego donde los aburridos recipientes se transforman en ¡deliciosos portadores de comida! Esta semana estamos iniciando una nueva serie de lecciones para superniños, así que pensamos que sería también maravilloso tener una ¡serie de JUEGOS! Entonces, durante las siguientes tres semanas, estaremos jugando: "Tres en línea". Hay algo importante que deben saber: Todas las preguntas que se utilizarán en este juego se obtendrán de la lección que se da una semana antes. Por tanto, presten mucha atención hoy y ¡las siguientes semanas!".

- Escoja dos superniños que hayan asistido al servicio de la semana pasada. Lea la pregunta No. 1. Si un jugador sabe la respuesta, debe levantar su mano. El primer jugador que levante la mano, puede responder. Si acertó, permítale escoger si desea ser la X o la O, y tomar un recipiente. No permita que el jugador 1 gire el recipiente; pues usted lo hará. Utilice ese tiempo para darle emoción a la actividad, así como lo haría un presentador de juegos: "¿Será una X o una O? ¡Descubrámoslo!"

- Después de que el jugador 1 haya respondido correctamente y haya escogido una caja, formúlele una pregunta al jugador 2. Si el jugador 2 acierta, puede escoger una caja; si no, juega de nuevo el número 1.

- Continúe de esta manera hasta que alguien obtenga tres X o tres O. En ese momento, diga: "Tenemos ¡tres en línea!". Deje que el superniño ganador abra los tres recipientes ganadores y que se lleve a casa la merienda como su premio.

Debido a que este juego es bastante complicado, sólo es necesaria una ronda.

Objetivo del juego:

Prestarle especial atención a la Palabra de Dios, a fin de obtener oportunidades para ¡ser bendecido!

Aplicación:

Cuando prestamos especial atención a la Palabra de Dios, hay muchos "regalos" asombrosos esperando por nosotros, incluso mucho mejores que los que obtenemos de este juego ¡"tres en línea"!

Notas:

LAS LETRAS PARA TRES EN LÍNEA SE ENCUENTRAN EN LAS PÁGINAS 30 Y 31

TRES EN LÍNEA (10 preguntas en total)

LECCIÓN (5 preguntas)

#1 P: _____

R: _____

#2 P: _____

R: _____

#3 P: _____

R: _____

#4 P: _____

R: _____

#5 P: _____

R: _____

Notas: _____

TRES EN LÍNEA (10 preguntas en total)

OFRENDA (2 preguntas)

#1 P: _____
_____

R: _____
_____

#2 P: _____
_____

R: _____
_____

VERSÍCULO PARA MEMORIZAR (1 pregunta)

#1 P: _____
_____

R: _____
_____

COMODÍN (2 preguntas)

#1 P: _____
_____

R: _____
_____

#2 P: _____
_____

R: _____
_____

PREGUNTAS PARA TRES EN LÍNEA: VOL. 4/4.ª SEMANA

(Repaso tomado del Vol. 4/3.ª semana)

LECCIÓN

#1 Pregunta: ¿Qué hicieron Adán y Eva después de desobedecer a Dios?
Respuesta: Se escondieron.

#2 Pregunta: Mencione una de las dos cosas que suceden cuando el diablo se sale con la suya.
Respuesta: Se guardan secretos o se esconden cosas.

#3 Pregunta: ¿Cuál fue el precio más alto que Dios pagó para recuperar a Sus hijos?
Respuesta: Entregar el Cordero inmolado antes de la Creación del mundo, Jesús.

#4 Pregunta: ¿A qué lugar nos llevó de nuevo Jesús para que viviéramos en LA BENDICIÓN?
Respuesta: El huerto de Edén.

#5 Pregunta: ¿Qué tipo de vida desea Dios que nosotros escojamos?
Respuesta: "La dulce vida".

OFRENDA

#6 Pregunta: ¿A qué tipo de personas nos indicó Jesús que invitáramos a nuestras fiestas en Lucas 14?
Respuesta: A quienes nadie invita: Los marginados.

#7 Pregunta: ¿Qué sucede cuando alcanzan a los marginados?
Respuesta: Serán una bendición y serán ¡bendecidos!

VERSÍCULO PARA MEMORIZAR

#8 Pregunta: ¿Cuál fue el versículo para memorizar de la semana pasada?
Respuesta: «El propósito del ladrón es robar y matar y destruir; mi propósito es darles una vida plena y abundante» (Juan 10:10, NTV).

EN LA COCINA

#9 Pregunta: Así como Adán y Eva hicieron un desastre cuando cometieron un error, lo mismo ocurrió en nuestra cocina la semana pasada. ¿Qué error cometió el cocinero?
Respuesta: Hizo explotar un huevo en el microondas.

DRAMA

#10 Pregunta: ¿Qué sucedió cuando John Mark le habló al patinador, Nick, acerca de Jesús?
Respuesta: Nick aceptó a Jesús en su corazón y se unió a un club de entrenamiento de patinaje para los juegos extremos.

Honren a Dios • Vol. 4/4.ª semana • *Academia de Superniños*

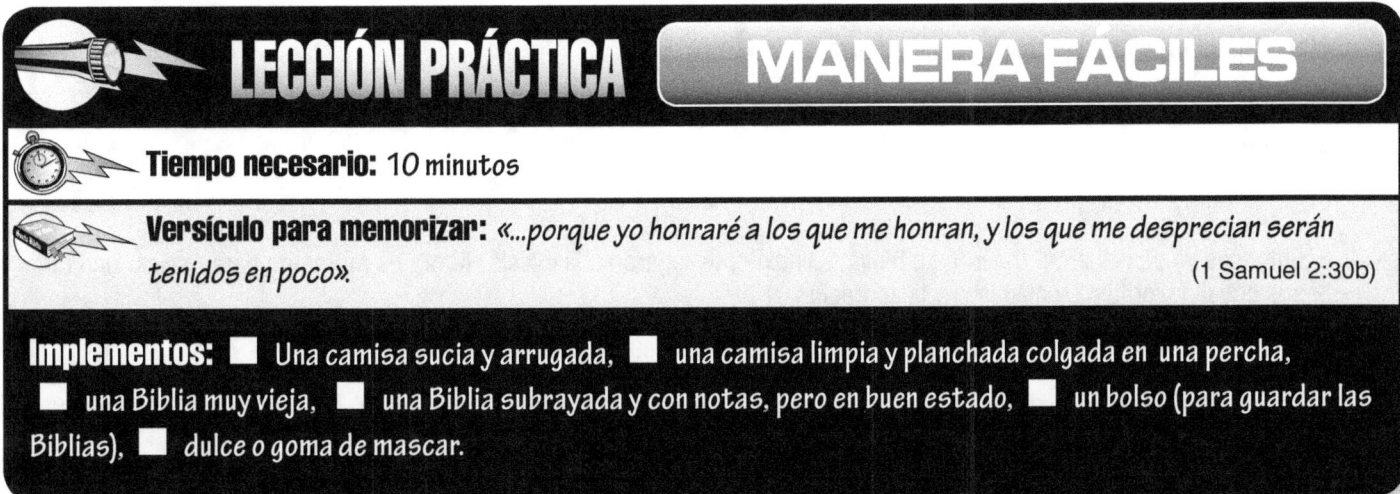

LECCIÓN PRÁCTICA — MANERA FÁCILES

Tiempo necesario: 10 minutos

Versículo para memorizar: «...*porque yo honraré a los que me honran, y los que me desprecian serán tenidos en poco*». (1 Samuel 2:30b)

Implementos: ☐ Una camisa sucia y arrugada, ☐ una camisa limpia y planchada colgada en una percha, ☐ una Biblia muy vieja, ☐ una Biblia subrayada y con notas, pero en buen estado, ☐ un bolso (para guardar las Biblias), ☐ dulce o goma de mascar.

Instrucciones de la lección:

- Durante las siguientes semanas estaremos hablando acerca de la honra.

Pregunte **¿Puede alguien decirme qué significa honra?**

- (Escuche algunas respuestas de los superniños).
- Honra significa respetar. Y cuando ustedes respetan a alguien, desean agradarlo y tratarlo bien.

Pregunte **¿Quién creen que sea la persona más importante que debemos honrar y respetar?**

- ¡Así es! A nuestro Padre celestial. No hay nadie más importante a quien debamos honrar que a Dios. Entonces hoy, aprenderemos cómo honrar a Dios. De hecho, les enseñaré tres fáciles maneras de cómo pueden honrar a Dios.
- Pero primero, necesito un superniño que me ayude a realizar esas demostraciones. (Escoja a un superniño entusiasta).

  1. Podemos honrar a Dios agradándolo.

Pregunte **¿Qué tuvieron que cambiarse esta mañana antes de venir a la iglesia?**

- Su ropa, ¿cierto? Vieron a su alrededor y observaron su camisa favorita sobre el suelo. (Arrugue la camisa sucia y arrójela al suelo. Y luego recójala). Está un poco arrugada, y tiene un par de manchas. Es chocolate de la fiesta de cumpleaños ¡de la semana pasada! Bueno, sólo iré a la iglesia. No es tan importante. O podría usar esta otra camisa que está colgada. (Mantenga cerca de usted la que está limpia). Está limpia y pulcra, aunque no es su favorita. Pero de seguro se ve mucho mejor.

Pregunte **¿Cuál de las dos creen que mostraría más honra y sería más agradable para Dios?**

- (Pídale a su asistente que se ponga la camisa que ellos piensan que muestra honra).
- ¡FÁCIL!

  2. Podemos honrar a Dios honrando Su Palabra.

- No tendrán problema en descubrir en este ejemplo cuál es la mejor forma. Ahora que están vestidos, necesitan llevar algo a la iglesia.

Pregunte **¿Qué cosa? (Saque las dos Biblias del bolso).**

- Su Biblia. Pueden escoger entre dos Biblias. En ésta se ha subrayado y la han estudiado; sin embargo, aún está en buenas condiciones. Alguien que en verdad ama la Palabra de Dios ha utilizado esta Biblia. No le faltan páginas ni tiene las esquinas dobladas. Ahora bien, la otra. ¡Cielos! Alguien le ha dado mal uso a esta Biblia. Está muy descuidada. También le han hecho dibujos. Incluso creo que han jugado ¡*Tres en línea* en sus páginas!

Serie: Honren y obedezcan

Pregunte ¿Cuál Biblia creen que le muestra más honra a Dios?

- (Pídale a su asistente que sostenga la Biblia que crean que muestra honra).
- ¡FÁCIL!
  3. Podemos honrar a Dios al interesarnos más en Él sin importa qué piensen nuestros amigos.
- Entonces ya se vistieron, trajeron su Biblia; y finalmente llegaron a la iglesia. Ahora es momento para realizar una de sus cosas favoritas: La alabanza y la adoración.
- (Pídale a su asistente que levante sus manos, luego déle un suave codazo y saque el dulce).
- Pero justo cuando comienzan a alabar a Dios, uno de sus amigos le da un codazo suave, pues quiere darle un dulce. Claro, desean enfocarse en realidad en Dios, pero tampoco quieren que su amigo se moleste si no aceptan el dulce.

Pregunte ¿Deberían tomar el dulce y comérselo, o cortésmente decirle que no, y luego cerrar los ojos para evitar la distracción? ¿Qué creen que honraría más a Dios?

- (Pregúntele a su asistente qué acción sería la opción de honra).
- DE NUEVO, ¡FÁCIL!
- Se dan cuenta que honrar y agradar a Dios no es del todo difícil. Recordemos una vez más cómo hacerlo.
  1. Honren a Dios agradándolo, por ejemplo siendo considerados y luciendo bien delante de Él.
  2. Honren a Dios al respetar Su Palabra, eso significa estudiándola y ¡cuidando su Biblia!
  3. Honren a Dios al interesarse más por Él, sin importar lo que sus amigos piensen.
- Si pueden recordar estas tres fáciles maneras de honrar a Dios, le mostrarán cuánto lo aman. Por supuesto, Él siempre está muy orgulloso de ¡ser su Padre!

Notas:

OFRENDA: SÓLO ENTRE NOSOTROS

Tiempo necesario: 10 minutos

Versículo para recibir la ofrenda: «*No se preocupen por nada; en cambio, oren por todo. Díganle a Dios lo que necesitan y denle gracias por todo lo que él ha hecho*».

(Filipenses 4:6, *NTV*)

Consejo para el maestro: Puede realizar esta actividad con los niños mayores o puede incluir a todos los niños. Por tanto, necesitará ajustar sus implementos según el grupo que escoja.

Implementos: ☐ Tarjetas para notas de 10cm x 15cm, ☐ sobres pequeños, ☐ lápices o lapiceros.

Instrucciones para recibir la ofrenda:

- Cadetes, me gustaría hablarles de un tema que a todos los niños les interesa: el crecimiento. Estoy seguro que muchos de ustedes han soñado con manejar un automóvil. ¿Estoy en lo correcto?

- O talvez han pensado en ser lo suficientemente grandes como para trabajar, a fin de ganar más dinero y gastarlo en cosas que les gustaría poseer. Es muy normal que los niños sueñen con ser adolescentes o incluso adultos.

- Bueno, no sé si han pensado lo siguiente, pero mientras más aprendan de Dios y de su ser espiritual, el Espíritu Santo comenzará a enseñarles cómo confiar en Dios para obtener las cosas por sí mismos. Su espíritu es su verdadero **yo,** al cual se le llama en la Biblia ¡corazón!

- Tengo una gran idea, pero necesito algunos voluntarios que me ayuden.

Pregunte ¿Hay algún superniño valiente que desee hacer un ejercicio de crecimiento?

- (Pídale a tres o cuatro niños que se unan a usted al frente del salón. Pero si ha decidido que participen todos los niños, espere hasta que les haya explicado todo el proceso antes de repartir los implementos. Al incluir a todos, pídales a otros auxiliares que ayuden a los más pequeños para escribir).

- Antes de comenzar, quiero leerles un versículo. En Filipenses 4:6, leemos: «*No se preocupen por nada; en cambio, oren por todo. Díganle a Dios lo que necesitan y denle gracias por todo lo que él ha hecho*». Cuando son pequeños, ¿a quién se acercan cuando necesitan algo? A mamá y a papá, ¿verdad? Ahora bien, les tengo un reto: En éste se nos afirma que debemos orarle a Dios y permitir que conozca nuestras peticiones. Así que en lugar de pedirle todo lo que necesitan a sus padres, ¿por qué no se lo piden a Dios, y permiten que sea sólo entre ustedes y Él? Eso no significa que sea malo pedirle a sus padres, de hecho, necesitan ser bastante abiertos con ellos. Pero es bueno practicar su dependencia de Dios.

- Esto es lo que quiero que hagan: Escríbanle una nota al Señor explicándole qué necesitan; luego colóquenla en el sobre y ciérrenlo. Esto será únicamente entre ustedes dos. No le digan a nadie más lo que escribieron y no se preocupen, es momento que Dios se haga cargo de lo que escribieron en el papel. Ahora, ésta es la mejor parte:

- Cuando Dios haya respondido la petición que le escribieron, traigan el sobre a la academia de superniños y si lo desean, lo podemos abrir juntos y celebrar lo que Dios hizo.

- Presten atención, ¿se dieron cuenta que crecieron un poco más cuando decidieron orarle a Dios y confiar en Él? Y ahora que ya son un poco más maduros, dispongamos nuestro corazón para traerle una ofrenda a nuestro Señor.

Academia de Superniños • Vol. 4/4.ª semana • Honren a Dios

BOSQUEJO DE LA LECCIÓN — HONREN A DIOS

Versículo para memorizar: «...porque yo honraré a los que me honran, y los que me desprecian serán tenidos en poco».

(1 Samuel 2:30b)

I. HONRAMOS A DIOS VIVIENDO DE LA MANERA QUE ÉL NOS INDICA

a. Honrar es tener en alta estima respeto y admiración.

b. Existen tres pasos para demostrar honra.

  1. <u>Escuchen</u>: Denle a Sus palabras el primer lugar en sus vidas.
  Jeremías 13:11, NVI – Ellos no escucharon a Dios, entonces no lo honraron.

  2. <u>Sométanse</u>: Decidan que el camino del Señor siempre es el correcto.
  Proverbios 3:5-7 – Confíen en la sabiduría del Señor, y no en su propia prudencia.

  3. <u>Obedezcan</u>: De inmediato, sin tener que pensar al respecto.
  Lucas 6:46 – No le permiten ser su Señor cuando le desobedecen.

II. SAÚL NO HONRÓ A DIOS 1 SAMUEL 15

a. Saúl no escuchó las indicaciones de Dios. Versículos 2-3

b. Saúl no se sometió, él tenía una mejor idea. Versículo 9

c. Saúl no obedeció, él deshonró a Dios. Versículos 10-23

d. Él tenía miedo de lo que la gente pensara. Versículo 24

III. JESÚS VIVIÓ SU VIDA PARA HONRAR A DIOS

a. Jesús siempre escuchó a Su Padre. Juan 8:28

b. Jesús siempre se sometió a Su Padre. Juan 8:29

c. Jesús siempre obedeció a Su Padre. Marcos 14:36

Una palabra de la comandante Kellie: La historia de Saúl y el balido de las ovejas es una excelente forma de ilustrar la falta de honra. Les recomiendo que les cuente la historia de manera muy dramática. Permita que cobre vida en su corazón mientras la lee varias veces en su tiempo de estudio. Saúl no honró a Dios como su comandante ni lo vio como su esperanza de victoria. Las personas fracasan en la vida por esas mismas razones. En Eclesiastés 12:13 (AMP), leemos que el temor (el respeto y la honra) hacia el Señor y guardar Su Palabra, arreglará cualquier circunstancia en nuestra vida. Muchas personas piensan en Jesús como su Señor; sin embargo, no lo escuchan ni le obedecen. Al igual que Saúl (1 Samuel 15:10) se están engañando a sí mismos, honrando sus propias ideas y no las de Él. Jesús es nuestro mejor ejemplo, pues Él ha honrado a Su Padre todos los días. Esa obediencia continua lo preparó para enfrentar Su más grande reto. Cuando tuvo que tomar la decisión más difícil de Su vida, Él escogió honrar lo que su Padre quería. Cuando nuestros superniños viven como Jesús y reciben Su voluntad y Sus instrucciones con honra, <u>sus</u> vidas producirán "La dulce vida" que Jesús ya pagó (Colosenses 1:10; Gálatas 6:8-9).

Serie: Honren y obedezcan

Honren a Dios • Vol. 4/4.ª semana • *Academia de Superniños*

LA COCINA DE LA ACADEMIA — COLOQUEN A DIOS EN LA CIMA

 **Tiempo necesario:** 10 minutos

 **Versículo clave:** «¡Con razón les cuesta creer! Pues a ustedes les encanta honrarse unos a otros, pero no les importa la honra que proviene del único que es Dios».

(Juan 5:44, *NTV*)

 **Consejo para el maestro:** En esta receta usted tiene un ¡ingrediente secreto! Saque de la caja la bolsa de Dream Whip® y etiquétela con un marcador: "Ingrediente secreto". Este ingrediente hará que su leche sea espesa y espumosa.

Implementos: ☐ Una mesa pequeña, ☐ un vaso grande y transparente, ☐ batidora de mano (o puede usar una batidora de huevos), ☐ 1 cuchara de mango largo, ☐ 1 bolsa Ziploc® mediana, ☐ un martillo plástico o mazo, ☐ una tabla de picar (como base para el martillo), ☐ pajilla, ☐ ingredientes para leche chocolatada (descritos abajo).

Receta:

Ingredientes: ☐ 12-16 onzas de leche fría, ☐ jarabe de chocolate, ☐ leche malteada en polvo, ☐ Ingrediente secreto: 2-3 cucharadas de Dream Whip® (por lo general, lo encuentra en el supermercado en el pasillo donde está el pudín), ☐ una lata de crema batida, ☐ 1 caja de Whoppers® (pelotas de leche malteada).

1. Vierta primero la leche fría en el vaso, asegúrese de dejar suficiente espacio para agregar el jarabe, la leche malteada en polvo, el ingrediente secreto para mezclar con la batidora. (También se puede colocar todo en la licuadora y luego vertirlo en el vaso).

2. Agregue jarabe de chocolate y leche malteada en polvo, para probar. No se limite con el jarabe de chocolate, pues a los niños les gusta la leche icon bastante chocolate!

3. Mezcle en su batidora hasta que esté homogéneo.

4. Mientras mezcla su leche, pídale a un asistente que coloque la mitad de la caja de Whoppers® en la bolsa y que la selle. Coloque la bolsa sobre la tabla de picar y utilizando el martillo o mazo, quiebre los dulces en pequeños pedazos.

5. Agregue el Dream Whip® a la leche y mezcle hasta que esté espumosa.

6. Al terminar de batir su bebida, colóquele crema batida, y finalmente, encima ponga trozos de dulces Whoppers®.

Instrucciones de la lección:

- Cadetes, hoy prepararemos una deliciosa bebida, pero antes de comenzar necesito un superniño que me ayude, alguien que sea bueno usando un martillo.

- (Escoja a un niño mayor, ya que utilizará una herramienta pesada).

Pregunte ¿Cuántos de ustedes alguna vez han hecho un vaso de leche con chocolate?

- Bueno, hoy haremos una versión muy elaborada de leche chocolatada, pues en lugar de colocar sólo jarabe de chocolate, también le agregaremos algo de leche malteada en polvo (es lo que utilizan cuando hacen Whoppers®); y también agregaremos un ingrediente secreto que hará nuestra leche un poco más espumosa, el cual se parece a la crema batida. Entonces comencemos:

Serie: Honren y obedezcan

- (Siga las instrucciones de la receta, pero deténgase al terminar el cuarto paso).
- Ahora, ¡añadamos el ingrediente secreto! (Enfatice el quinto paso).
- Cadetes, hemos aprendido mucho acerca de honrar a Dios. ¿Sabían que así como tenemos un ingrediente secreto en nuestra leche chocolatada, también existe un ingrediente secreto para honrar a Dios? Así es, EL ingrediente secreto es obedecer Su Palabra. Piensen al respecto, cuando obedecemos las instrucciones de Dios, de manera automática lo honramos a Él. ¡Van de la mano!
- Nos divertimos mucho preparando la receta, pero ¿ha notado alguien que no hemos terminado? Sí, la última parte puede ser la más deliciosa de todas: Los ingredientes que van encima.
- (Termine la receta completando el sexto paso).
- La crema batida y los Whoppers® pueden ser la mejor parte de toda la receta, es posible que sea más delicioso que todo lo demás. Eso me recuerda algo que Jesús dijo en Juan 5:44. Él nos ordenó que honráramos a Dios sobre todas las demás personas. Eso se parece a esta crema batida que ponemos hasta arriba, de nada serviría colocarla en el fondo del vaso, ¿verdad? No, siempre va encima de los postres. Y eso nos recuerda lo que Jesús nos ordenó. Asegúrense de mantener a Dios en el primer lugar de la lista de personas que ¡ustedes honran!

Notas:

LECCIÓN 5: OBEDEZCAN A SUS PADRES

 **BIENVENIDA Y ORACIÓN**

 **VERSÍCULO PARA MEMORIZAR**

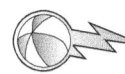 **TIEMPO PARA JUGAR**

 **SUPLEMENTO 1: DRAMA**

 **OFRENDA**

 **ALABANZA Y ADORACIÓN**

 **BOSQUEJO DE LA LECCIÓN**

 **SUPLEMENTO 2: LABORATORIO DE LA ACADEMIA**

 **ORACIÓN, ANUNCIOS, Y MATERIAL DE APOYO**

 **Versículo para memorizar:** «Hijos, obedezcan a sus padres porque ustedes pertenecen al Señor, pues esto es lo correcto. «Honra a tu padre y a tu madre». Ese es el primer mandamiento que contiene una promesa». (Efesios 6:1-2, *NTV*)

Serie: Honren y obedezcan

Academia de Superniños • Vol. 4/5.ª semana • Obedezcan a sus padres

TIEMPO PARA JUGAR — SERIES DE JUEGOS: TRES EN LÍNEA

Tiempo necesario: 5-10 minutos

Versículo para memorizar: «Hijos, obedezcan a sus padres porque ustedes pertenecen al Señor, pues esto es lo correcto. "Honra a tu padre y a tu madre". Ese es el primer mandamiento que contiene una promesa». (Efesios 6:1-2, *NTV*)

Consejo para involucrar a los adolescentes: Involucrar a los adolescentes como auxiliares es una gran forma de desarrollar la confianza en sí mismos, y un adolescente ameno y activo mantendrá a los niños involucrados y atentos.

Implementos: ■ 9 recipientes plásticos (de varios colores y diseños), ■ 9 "meriendas" para colocar en cada recipiente (tarta de frutas, cubiletes, etc.), ■ portapapeles (para las preguntas), ■ preguntas de la lección de la semana pasada (escriba sus propias preguntas o utilice las sugeridas) Opcional: Si desea escribir sus propias preguntas, le damos un ejemplo. ■ música de fondo para utilizar durante el juego (música instrumental para juegos es la apropiada). ■ velcro (para pegar las X y las O en los recipientes), ■ 5 dibujos o impresiones de las X y 5 de las O (para pegar con velcro en la parte trasera de los recipientes).

Opcional: Vestuario del anfitrión y del asistente: chaqueta llamativa, lentes de sol, vestido, etc.
Opcional: Alguien que indique cuándo aplaudir como en los juegos de televisión.

Antes del juego:

- Debido a que ésta es una "serie de juegos" que corresponde a las enseñanzas semanales, la preparación inicial necesitará más esfuerzo, pero al público ¡le encantará! Infórmeles a los superniños que realizarán este juego durante las siguientes tres semanas de enseñanzas: Honren y obedezcan; y que utilizará preguntas de la semana pasada para jugar: Tres en línea. Observe la manera en que su grupo pone atención.

1. En la parte de atrás de cada recipiente, coloque dos piezas de velcro. Debe colocarlas en la posición correcta para sostener la X o la O.

2. Dibuje cinco X y cinco O en papel de colores llamativos (el amarillo es mejor). Le recomendamos utilizar el mismo color para todas sus X y O, en caso de que algún superniño le dé un vistazo al recipiente. Los cadetes son inteligentes, entonces pueden saber el significado de los diferentes colores.

3. Emplastique las X y las O para que no las rompan al momento de cambiarlas de recipientes en las siguientes semanas.

4. Coloque la otra parte de velcro en las X y O emplasticadas.

5. Coloque una X o una O a cada recipiente. Le sobrará una X o una O. Por ejemplo, si utiliza más X que O, la semana siguiente deberá hacer lo contrario.

6. Coloque una merienda en cada recipiente.

7. Coloque los recipientes sobre su escenario, ocultándoles las X y las O a los superniños.

8. Coloque las preguntas en el portapapeles. (Escriba las suyas o utilice las sugeridas).

Serie: Honren y obedezcan

Instrucciones del juego:

- Encienda de inmediato la música del juego. La base para este juego es la buena presentación. Para hacer las cosas más interesantes, utilice un asistente en el espectáculo para que le dé vuelta a los recipientes (como lo haría un glamoroso asistente de espectáculos, con un llamativo movimiento de manos). También le recomendamos trajes llamativos. En la tiendas de segunda mano, puede conseguir este tipo de atuendo.

- Exprese: "¡Bienvenidos a Tres en líneaaaa! El juego donde los aburridos recipientes se transforman en ¡deliciosos portadores de comida! Esta semana estamos iniciando una nueva serie de lecciones para superniños, así que pensamos que sería también maravilloso tener una ¡serie de JUEGOS! Entonces, durante las siguientes tres semanas, estaremos jugando: "Tres en línea". Hay algo importante que deben saber: Todas las preguntas que se utilizarán en este juego se obtendrán de la lección que se da una semana antes. Por tanto, presten mucha atención hoy y ¡las siguientes semanas!".

- Escoja dos superniños que hayan asistido al servicio de la semana pasada. Lea la pregunta No. 1. Si un jugador sabe la respuesta, debe levantar su mano. El primer jugador que levante la mano, puede responder. Si acertó, permítale escoger si desea ser la X o la O, y tomar un recipiente. No permita que el jugador 1 gire el recipiente; pues usted lo hará. Utilice ese tiempo para darle emoción a la actividad, así como lo haría un presentador de juegos: "¿Será una X o una O? ¡Descubrámoslo!".

- Después de que el jugador 1 haya respondido correctamente y haya escogido una caja, formúlele una pregunta al jugador 2. Si el jugador 2 acierta, puede escoger una caja; si no, juega de nuevo el número 1.

- Continúe de esta manera hasta que alguien obtenga tres X o tres O. En ese momento, diga: "Tenemos ¡tres en línea!". Deje que el superniño ganador abra los tres recipientes ganadores y que se lleve a casa la merienda como su premio.

Debido a que este juego es bastante complicado, sólo es necesaria una ronda.

Objetivo del juego:

Prestarle especial atención a la Palabra de Dios, a fin de obtener oportunidades para ¡ser bendecido!

Aplicación:

Cuando prestamos especial atención a la Palabra de Dios, hay muchos "regalos" asombrosos esperando por nosotros, incluso mucho mejores que los que obtenemos de este juego ¡"tres en línea"!

Notas:

LAS LETRAS PARA TRES EN LÍNEA SE ENCUENTRAN EN LAS PÁGINAS 30 Y 31

TRES EN LÍNEA (10 preguntas en total)

LECCIÓN (5 preguntas)

#1 P: _____
_____
R: _____
_____

#2 P: _____
_____
R: _____
_____

#3 P: _____
_____
R: _____
_____

#4 P: _____
_____
R: _____
_____

#5 P: _____
_____
R: _____
_____

Notas: _____
_____
_____

TRES EN LÍNEA (10 preguntas en total)

OFRENDA (2 preguntas)

#1 P: _____
_____

R: _____
_____

#2 P: _____
_____

R: _____
_____

VERSÍCULO PARA MEMORIZAR (1 pregunta)

#1 P: _____
_____

R: _____
_____

COMODÍN (2 preguntas)

#1 P: _____
_____

R: _____
_____

#2 P: _____
_____

R: _____
_____

PREGUNTAS PARA TRES EN LÍNEA: VOL. 4/5.ª SEMANA

(Repaso tomado del Vol. 4/4.ª semana)

LECCIÓN

#1 Pregunta: ¿Qué significa la palabra "honra"?
Respuesta: Tener en alta estima, admiración y respeto.

#2 Pregunta: ¿Cuáles son los tres pasos para mostrar honra?
Respuesta: Escuchar, someterse y obedecer.

#3 Pregunta: ¿Cómo deshonró Saúl a Dios?
Respuesta: No se sometió ni obedeció a Dios.

#4 Pregunta: ¿Quién honra a Dios siempre?
Respuesta: ¡Jesús!

#5 Pregunta: ¿Cómo honró Jesús a Su Padre?
Respuesta: Lo escuchó, se sometió al Él y le obedeció.

OFRENDA

#6 Pregunta: En lugar de preocuparse por sus necesidades, ¿qué deben hacer?
Respuesta: Orar por todo (háganle saber a Dios sus necesidades —Filipenses 4:6).

#7 Pregunta: ¿Qué "ejercicio de crecimiento" hicieron los voluntarios?
Respuesta: Escribimos cosas en las que confiamos que Dios se encargaría y las colocamos en un sobre.

VERSÍCULO PARA MEMORIZAR

#8 Pregunta: ¿Cuál fue el versículo para memorizar de la semana pasada?
Respuesta: «...porque yo honraré a los que me honran, y los que me desprecian serán tenidos en poco» (1 Samuel 2:30b)

EN LA COCINA

#9 Pregunta: Así como tenemos un ingrediente secreto en nuestra leche chocolatada, también existe un ingrediente secreto para honrar a Dios, ¿cuál es ese ingrediente secreto?
Respuesta: Obedecer la Palabra de Dios.

LECCIÓN PRÁCTICA

#10 Pregunta: La semana pasada, aprendieron tres maneras fáciles de honrar a Dios. Mencione una de ellas.
Respuesta: 1. Agradarlo (incluso en la manera que nos vestimos).
2. Respetar Su Palabra (cuidar la Biblia).
3. Preocuparnos por lo que Dios piensa, sin importar qué piensen nuestros amigos.

DRAMA

LA ZONA DE TESTIMONIO: "TODO EN FAMILIA"

Concepto: Una adaptación del programa televisivo: *La dimensión desconocida*, en la cual se enfatizan las dos maneras en que los niños manejan las situaciones diarias: Primero, a su manera; luego, a la manera de Dios. Dirigida por un narrador, que se encuentra al lado del escenario.

Música: El tema musical de: *"La dimensión desconocida"* (para utilizarlo de fondo mientras el narrador habla, con facilidad lo encontrará en la Internet).

Descripción de los personajes:

Narrador: Un presentador muy serio
  Opción: Si no posee a un miembro del equipo que pueda desempeñar ese papel, podrá hacerlo con una voz fuera del escenario o con una narración pre-grabada.
Mamá: Una madre normal
Daniel (a): Niño (a)

Disfraces:

Narrador: Chaqueta oscura, camisa formal blanca, corbata oscura y lentes de sol
Mamá: Ropa de "mamá" (nada extravagante)
Daniel (a): Ropa de niño (a) normal

Implementos: ■ 1 mesa y 1 silla, ■ 1 calculadora, ■ sobres y papeles (para representar facturas), ■ 1 lápiz, ■ 1 teléfono, ■ agregue cualquier implemento que tenga disponible para crear un ambiente "hogareño"l (Ej: revistas en la mesa, zapatos en el piso).

Notas:

(Comienza con el narrador a un costado del escenario)
(**MÚSICA** del programa *"La dimensión desconocida"*)

NARRADOR:
Están a punto de entrar a una zona como ninguna, donde la vida cotidiana es todo, menos normal; y donde las conversaciones de todos los días pasan en un instante, de algo ordinario a algo impactante. Es el lugar donde se toman las decisiones eternas. Donde la fe conoce el temor, y donde el valor conoce la duda. Una zona donde los superniños pueden convertirse en hacedores de historia o bien salir huyendo. Ajusten sus cinturones y prepárense para el viaje que están a punto de comenzar en... "La zona de testimonio".

(LA **MÚSICA** del programa *"La dimensión desconocida"*).
(El narrador se queda inmóvil y a un costado del escenario).
(Mamá está en la mesa viendo las cuentas por pagar, hablando consigo misma. Obviamente, los asuntos financieros no están bien).

MAMÁ:
¿Por qué vienen todos estos cobros al mismo tiempo? Bueno, talvez no sea tan malo como parece. Veamos, el cobro del agua, de la electricidad, del automóvil, de la tarjeta de crédito, teléfono. Debo lograr que Daniel (a) ya no envíe tantos mensajes de texto...

(Mamá comienza a ingresar números en la calculadora).

¡US$765! Bueno, tendré que usar los ahorros.

(Ella marca un número de teléfono).

Hola, necesito saber cuánto dinero tengo en mi cuenta de ahorros. ¿Mi nombre? Stacey Marks. ¡US$29?! ¿Está seguro? Sí, ése es mi número de cuenta. Gracias.

(Cuelga el teléfono)
No vamos a lograrlo.

(Daniel (a) está escuchando).

DANIEL (A):
¿Mamá?

MAMÁ:
Ve a limpiar tu habitación.

DANIEL (A):
¿Qué te dijeron en el?

(Mamá enojada, no deja que Daniel (a) termine de hablar).

MAMÁ:
¿No me escuchaste? Te dije que fueras a limpiar tu habitación, ¡ve!

DANIEL (A):
Esta bien, ¡ya voy!

(Mamá recuesta su cabeza sobre la mesa, preocupada; el narrador habla de nuevo)

NARRADOR:
Lo que acaban de presenciar fue a una madre que se encuentra muy presionada por pagar las cuentas, y por la falta de dinero. Cuando Daniel (a) escoge no honrar a su madre y le responde enojado (a), la puerta de la "zona de testimonio" se cierra de golpe. Ahora bien, veamos qué sucede cuando Daniel (a) le muestra a su mamá amor y respeto.

(El narrador se queda quieto y permanece a un costado del escenario)
(Mamá está en la mesa viendo las facturas, hablando consigo misma. Obviamente los asuntos financieros no están bien).

MAMÁ:
¿Por qué debemos pagar las cuentas a la misma vez? Bueno, talvez no sea tan malo como parece. Veamos: el cobro del agua, de la electricidad, del automóvil, de la tarjeta de crédito, del teléfono. Debo lograr que Daniel (a) ya no envíe tantos mensajes de texto…

(Mamá comienza a ingresar números en la calculadora).

¡US$765! Bueno, tendré que usar los ahorros.

(Ella marca un número de teléfono)

Hola, necesito saber cuánto dinero tengo en mi cuenta de ahorros. ¿Mi nombre? Stacey Marks. ¡US$29?! ¿Está seguro? Sí, ése es mi número de cuenta. Gracias.

(Cuelga el teléfono)
No vamos a lograrlo.

(Daniel (a) está escuchando)

DANIEL (A):
¿Mamá?

MAMÁ:
Ve a limpiar tu habitación

DANIEL (A):
Está bien, mamá. Pero ¿puedo hacerte una pregunta primero?

MAMÁ:
Hazla rápido.

DANIEL (A):
¿Puedo orar por ti?

(Mamá de inmediato se calma, claramente está conmovida y asienta con la cabeza; Daniel (a) toma las manos de su mamá y ambos inclinan su cabeza).

DANIEL (A):
Señor, te agradezco porque, suples todas nuestras necesidades conforme a Tus riquezas en gloria. Y justo ahora estas obrando para traer el dinero que mi mamá necesita para pagar esas cuentas. Gracias por la paz que le das a nuestra familia, en el Nombre de Jesús. Amén. Vamos a estar bien, mamá. Dios está cuidando de nosotros.

MAMÁ:
Gracias. No sé qué haría sin ti.

(Mamá abraza a Daniel (a), y se quedan quietos mientras lo hacen)
(**MÚSICA** de *La dimensión desconocida*)

NARRADOR:
Ahí lo tienen. Otra puerta abierta, otra victoria. Surgió un reto y se venció. Cuando Daniel (a) escogió seguir la manera de obrar de Dios y honrar a su madre, las bendiciones ya estaban en camino. Es una zona que reta a todos los superniños a que se pregunten: "¿Qué haré la próxima vez que entre a …'La zona de testimonio'?".

(**LA MÚSICA** del programa *"La dimensión desconocida"* comienza a desaparecer)
(Salen todos los personajes)

Notas:

Academia de Superniños • Vol. 4/5.ª semana • Obedezcan a sus padres

OFRENDA: ¿QUIÉN ES SU AMIGO?

Tiempo necesario: 10 minutos

Versículo para recibir la ofrenda: "Diles que busquen a Dios, quien abunda en riquezas más de lo que pudiéramos administrar". (1 Timoteo 6:17, MSG)

Implementos: ☐ Bastantes dulces dentro de una bolsa de papel (sería divertido usar una bolsa de regalo pequeña y colorida).

Instrucciones para recibir la ofrenda:

- Hoy, necesitaré que un superniño me ayude con un pequeño experimento de ofrenda. (Escoja a un cadete entusiasta).
- En esta bolsa hay unos dulces deliciosos.

Pregunte: ¿A algún niño le gustaría un dulce?

- Bueno, la tarea de mi asistente es la siguiente: Quiero que le des a cada niño y niña los dulces que tú quieras; tómate tu tiempo mientras decides a quién darle.
- (Es posible que en ese momento los niños comiencen a pedirle al "donador de dulces"; permita que intenten llamar la atención del voluntario, ya que esto ayudará a enseñar su lección).

Pregunte: ¿A cuántos de ustedes les dio un dulce mi asistente?

- ¡Qué bien! Sin embargo, me gustaría compartirles qué recordé con esta actividad. ¿Han notado alguna vez que cuando tienen un poco de dinero para gastar o algún dulce para compartir, de repente, un montón de niños quieren ser sus amigos? ¿Se han dado cuenta cómo algunos de los niños y niñas le gritaban a mi asistente mientras repartía el dulce? Es bastante común que las personas quieran estar cerca de alguien que tiene mucho, ya sea dinero o una bolsa de dulces o simplemente buenas cosas.
- Me gustaría leerles 1 Timoteo 6:17, el cual nos ayudará a ver a Dios de la manera correcta. Ahí leemos: "Diles que busquen a Dios, quien abunda en riquezas más de lo que pudiéramos administrar". ¿Escucharon bien? Sí, nuestro Padre celestial siempre está buscando maneras de bendecirnos, pero en este versículo se nos enseña que deberíamos enfocarnos en las bendiciones. Entonces ¿a quién deberíamos buscar? ¡A Dios! Cadetes, ¿comprendieron que cuando amamos al Señor y Él es quien tiene nuestra atención, todas las necesidades en nuestra serán suplidas? Por tanto, mientras traen sus ofrendas, recuerden que ofrendamos porque amamos a nuestro Padre celestial, quien es muy generoso con Sus hijos.

Notas:

Serie: Honren y obedezcan

Obedezcan a sus padres • Vol. 4/5.ª semana • *Academia de Superniños*

BOSQUEJO DE LA LECCIÓN — OBEDEZCAN A SUS PADRES

Versículo para memorizar: «Hijos, obedezcan a sus padres porque ustedes pertenecen al Señor, pues esto es lo correcto. "Honra a tu padre y a tu madre". Ese es el primer mandamiento que contiene una promesa».

(Efesios 6:1—2, *NTV*)

I. UNA PROMESA ESPECIAL DE PARTE DE DIOS Éxodo 20:12
a. Los hijos que obedecen y honran a sus padres obtienen recompensa.
b. Éste es el primer mandamiento con una recompensa específica. Eso es importante.
c. Vivir una vida larga y plena es una bendición que se recibe por obedecer a Dios.

II. LOS PADRES SON EL REGALO No. 1 DE DIOS PARA SUS HIJOS
a. Ellos los ayudan a recibir sabiduría.
b. Sométase a sus instrucciones y disciplina. Proverbios 6:20
c. Si no obedecen a sus padres, no están obedeciendo a Dios.

III. NO SE PIERDAN "LA DULCE VIDA" Efesios 6:1-3
a. Dios diseñó "La dulce vida" para los niños que honran y obedecen.
b. El camino del desobediente es como un pantano donde no se puede caminar. Proverbios 13:15, (*AMP*)
c. Escoger "La vida dulce" o una vida pantanosa, es su decisión. Dios detesta la desobediencia, pues los aleja de "La dulce vida".

Una palabra de la comandante Kellie: Cada vez que tenga la oportunidad de apoyar el tema de la obediencia a los padres, ¡aprovéchela! Incluso les he enseñado a los niños cómo ¡recibir disciplina! Ayúdelos a comprender la responsabilidad que Dios les dio a los padres para enseñar, guiar y disciplinar a los niños. Entonces cuando dos o más están de acuerdo (los padres y el hijo en relación a la corrección) y la presencia del Señor esté en medio de ellos, eso será beneficioso. Por cierto diviértanse describiendo ese pantano. Haga que ellos tengan una imagen de lodo, el mal olor, las serpientes y las moscas. Entre más asqueroso, mejor. Cuando desobedecemos es como intentar abrirnos camino en medio de esa suciedad, ¡es muy difícil atravesarlo! Sin embargo, Dios le ha prometido a los obedientes "La dulce vida".

Notas:

Serie: Honren y obedezcan

Academia de Superniños • Vol. 4/5.ª semana • Obedezcan a sus padres

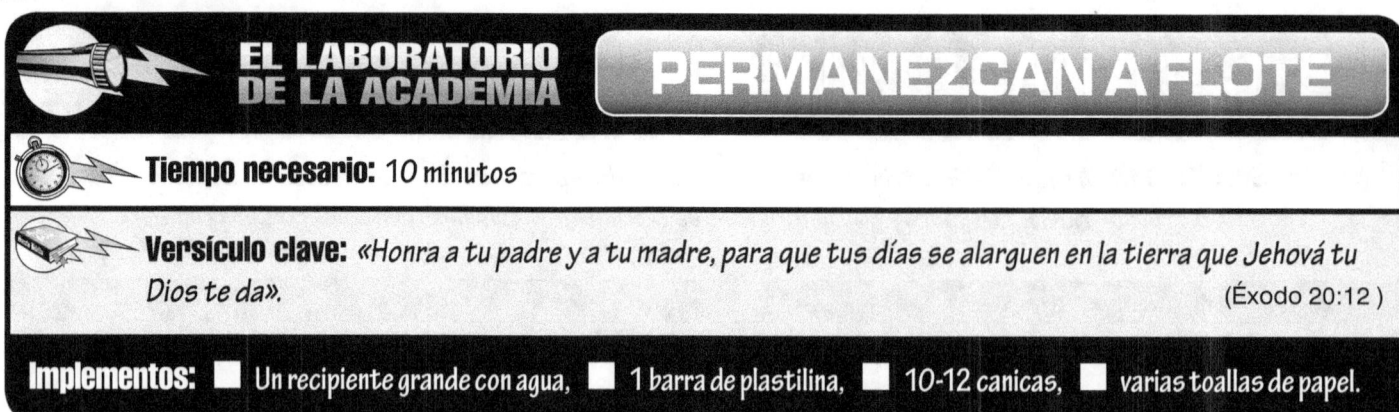

EL LABORATORIO DE LA ACADEMIA — PERMANEZCAN A FLOTE

Tiempo necesario: 10 minutos

Versículo clave: «Honra a tu padre y a tu madre, para que tus días se alarguen en la tierra que Jehová tu Dios te da». (Éxodo 20:12)

Implementos: ☐ Un recipiente grande con agua, ☐ 1 barra de plastilina, ☐ 10-12 canicas, ☐ varias toallas de papel.

Experimento:

1. Comience su experimento formando una bola con la plastilina, luego déjela caer al agua. Ésta se hundirá.
2. Arroje las canicas al agua y vea cómo se hunden al igual que la plastilina.
3. Saque la plastilina y las canicas, luego séquelas con las toallas de papel.
4. Con la plastilina forme un barco y colóquelo en el agua. Al cambiarle la forma a la plastilina, pudo lograr que ésta flotara en lugar de hundirse.
5. A continuación observe cuántas canicas puede soportar el bote sobre sí mismo, sin que éste se hunda.

Instrucciones de la lección:

- Superniños, tengo algunos implementos con los que la mayoría de ustedes ha jugado antes: canicas y plastilina.

Pregunte — **Si yo tomara la plastilina y le diera forma redonda (comience a darle forma a la plastilina mientras habla) y luego la colocara en el agua, ¿creen que flotaría o se hundiría?**

- (Escuche las respuestas de los cadetes, y luego coloque la plastilina en el agua para que se hunda).

Pregunte — **¿Qué creen que ocurrirá con estas canicas? ¿Flotarán o se hundirán?**

- (Repita lo que hizo con la plastilina).

- Ese trozo de plastilina me recuerda a los niños que son desobedientes con sus padres. Cuando deciden no obedecerles, ¿sabían que están escogiendo una vida difícil llena de problemas? Su vida podría terminar como la plastilina yéndose al fondo, sin llegar a ninguna parte. Pero supongamos que deciden cambiar, y escogen seguir las instrucciones de la Palabra de Dios, y deciden respetar a su madre y a su padre siendo obedientes. (Retire la plastilina y las canicas del agua y séquelas). Ahora, podemos tomar esta misma plastilina y darle otra forma, y observar la diferencia. (Déle forma de barco, y colóquela en la superficie del agua). Ahora, en lugar de hundirse, la plastilina está flotando sobre el agua. Es la misma plastilina, pesa lo mismo que antes; sin embargo, la forma es diferente; haciéndola flotar y no hundirse.

- Cadetes, esta plastilina es como nuestro corazón. Cuando decidimos honrar a nuestra mamá y a nuestro papá, tendremos vidas llenas de la bondad de Dios, vidas que permanecerán a flote y no se hundirán.

Pregunte — **¿Sabían que existen ventajas cuando se vive de esa forma?**

- Supongamos que las canicas son las recompensas que Dios les promete a los niños que obedecen a su mamá y a su papá. En Éxodo 20:12, leemos que cuando honramos a nuestros padres, Dios nos promete que viviremos mucho tiempo (coloque dos o tres canicas en el barco de plastilina); y que seremos dueños de nuestra propia tierra (agregue más canicas al barco; asegúrese que no se hunda).

- ¿Qué tan bueno es esto? Es fácil ver que ante los ojos de Dios, no se requiere de mucho para permanecer a flote. Sólo obedezcan a sus padres; y el Señor se asegurará de llenar sus barcos con Su bondad!

Serie: Honren y obedezcan

LECCIÓN 6: HONREN A LAS AUTORIDADES

 BIENVENIDA Y ORACIÓN

 VERSÍCULO PARA MEMORIZAR

 TIEMPO PARA JUGAR

 SUPLEMENTO 1: DRAMA

 OFRENDA

 ALABANZA Y ADORACIÓN

 BOSQUEJO DE LA LECCIÓN

 SUPLEMENTO 2: LECCIÓN PRÁCTICA

 ORACIÓN, ANUNCIOS Y MATERIAL DE APOYO

 **Versículo para memorizar:** «Sométase toda persona a las autoridades superiores; porque no hay autoridad sino de parte de Dios, y las que hay, por Dios han sido establecidas». (Romanos 13:1)

Serie: Honren y obedezcan

Academia de Superniños • Vol. 2/6.ª semana • Honren a las autoridades

TIEMPO PARA JUGAR
SERIE DE JUEGOS: TRES EN LÍNEA

Tiempo necesario: 5-10 minutos

Versículo para memorizar: «Sométase toda persona a las autoridades superiores; porque no hay autoridad sino de parte de Dios, y las que hay, por Dios han sido establecidas». (Romanos 13:1)

Consejo para involucrar a los adolescentes: Involucrar a los adolescentes como auxiliares es una gran forma de desarrollar la confianza en sí mismos, y un adolescente ameno y activo mantendrá a los niños involucrados y atentos.

Implementos: ☐ 9 recipientes plásticos (de varios colores y diseños), ☐ 9 "meriendas" para colocar en cada recipiente (tarta de frutas, cubiletes, etc.), ☐ portapapeles (para las preguntas), ☐ preguntas de la lección de la semana pasada (escriba sus propias preguntas o utilice las sugeridas) Opcional: Si desea escribir sus propias preguntas, le damos un ejemplo. ☐ música de fondo para utilizar durante el juego (música instrumental para juegos es la apropiada). ☐ velcro (para pegar las X y las O en los recipientes), ☐ 5 dibujos o impresiones de las X y 5 de las O (para pegar con velcro en la parte trasera de los recipientes).

Opcional: Vestuario del anfitrión y del asistente: chaqueta llamativa, lentes de sol, vestido, etc.

Opcional: Alguien que indique cuándo aplaudir como en los juegos de televisión.

Antes del juego:

- Debido a que ésta es una "serie de juegos" que corresponde a las enseñanzas semanales, la preparación inicial necesitará más esfuerzo, ¡pero al público ile encantará! Infórmeles a los superniños que realizarán este juego durante las siguientes tres semanas de enseñanzas: Honren y obedezcan; y que utilizará preguntas de la semana pasada para jugar: Tres en línea. Observe la manera en que su grupo pone atención.

1. En la parte de atrás de cada recipiente, coloque dos piezas de velcro. Debe colocarlas en la posición correcta para sostener la X o la O.
2. Dibuje cinco X y cinco O en papel de colores llamativos (el amarillo es mejor). Le recomendamos utilizar el mismo color para todas sus X y O, en caso de que algún superniño le dé un vistazo al recipiente. Los cadetes son inteligentes, entonces pueden saber el significado de los diferentes colores.
3. Emplastique las X y las O para que no las rompan al momento de cambiarlas de recipientes en las siguientes semanas.
4. Coloque la otra parte de velcro en las X y O emplasticadas.
5. Coloque una X o una O a cada recipiente. Le sobrará una X o una O. Por ejemplo, si utiliza más X que O, la semana siguiente deberá hacer lo contrario.
6. Coloque una merienda en cada recipiente.
7. Coloque los recipientes sobre su escenario, ocultándoles las X y las O a los superniños.
8. Coloque las preguntas en el portapapeles. (Escriba las suyas o utilice las sugeridas).

Serie: Honren y obedezcan

Instrucciones del juego:

- Encienda de inmediato la música del juego. La base para este juego es la buena presentación. Para hacer las cosas más interesantes, utilice un asistente en el espectáculo para que le dé vuelta a los recipientes (como lo haría un glamoroso asistente de espectáculos, con un llamativo movimiento de manos). También le recomendamos trajes llamativos. En la tiendas de segunda mano, puede conseguir este tipo de atuendo.

- Exprese: "¡Bienvenidos a Tres en líneaaaa! El juego donde los aburridos recipientes se transforman en ¡deliciosos portadores de comida! Esta semana estamos iniciando una nueva serie de lecciones para superniños, así que pensamos que sería también maravilloso tener una ¡serie de JUEGOS! Entonces, durante las siguientes tres semanas, estaremos jugando: "Tres en línea". Hay algo importante que deben saber: Todas las preguntas que se utilizarán en este juego se obtendrán de la lección que se da una semana antes. Por tanto, presten mucha atención hoy y ¡las siguientes semanas!".

- Escoja dos superniños que hayan asistido al servicio de la semana pasada. Lea la pregunta No. 1. Si un jugador sabe la respuesta, debe levantar su mano. El primer jugador que levante la mano, puede responder. Si acertó, permítale escoger si desea ser la X o la O, y tomar un recipiente. No permita que el jugador 1 gire el recipiente; pues usted lo hará. Utilice ese tiempo para darle emoción a la actividad, así como lo haría un presentador de juegos: "¿Será una X o una O? ¡Descubrámoslo!"

- Después de que el jugador 1 haya respondido correctamente y haya escogido una caja, formúlele una pregunta al jugador 2. Si el jugador 2 acierta, puede escoger una caja; si no, juega de nuevo el número 1.

- Continúe de esta manera hasta que alguien obtenga tres X o tres O. En ese momento, diga: "Tenemos ¡tres en línea!". Deje que el superniño ganador abra los tres recipientes ganadores y que se lleve a casa la merienda como su premio.

Debido a que este juego es bastante complicado, sólo es necesaria una ronda.

Objetivo del juego:

Prestarle especial atención a la Palabra de Dios, a fin de obtener oportunidades para ¡ser bendecido!

Aplicación:

Cuando prestamos especial atención a la Palabra de Dios, hay muchos "regalos" asombrosos esperando por nosotros, incluso mucho mejores que los que obtenemos de este juego ¡"tres en línea"!

Notas:

LAS LETRAS PARA TRES EN LÍNEA SE ENCUENTRAN EN LAS PÁGINAS 30 Y 31

TRES EN LÍNEA (10 preguntas en total)

LECCIÓN (5 preguntas)

#1 P: _____
_____

R: _____

#2 P: _____
_____

R: _____

#3 P: _____
_____

R: _____

#4 P: _____
_____

R: _____

#5 P: _____
_____

R: _____

Notas: _____
_____
_____

TRES EN LÍNEA (10 preguntas en total)

OFRENDA (2 preguntas)

#1 P: _____

R: _____

#2 P: _____

R: _____

VERSÍCULO PARA MEMORIZAR (1 pregunta)

#1 P: _____

R: _____

COMODÍN (2 preguntas)

#1 P: _____

R: _____

#2 P: _____

R: _____

PREGUNTAS PARA TRES EN LÍNEA: VOL. 4/6.ª SEMANA

(Repaso tomado del Vol. 4/5.ª semana)

LECCIÓN

#1   Pregunta: Mencionen una bendición que recibe de Dios al obedecer a sus padres.
       Respuesta: Larga vida.

#2   Pregunta: ¿Cuál es el regalo No. 1 que les da Dios a los niños?
       Respuesta: Mis padres.

#3   Pregunta: Cuando desobedecen a sus padres las cosas se tornan difíciles. ¿Cómo se le llama a ese estilo de vida?
       Respuesta: "Vida pantanosa".

#4   Pregunta: ¿A quién más desobedecen cuando no le hacen caso a sus padres?
       Respuesta: A Dios.

#5   Pregunta: ¿Qué clase de vida obtienen cuando escogen obedecer a sus padres?
       Respuesta: "La dulce vida".

OFRENDA

#6   Pregunta: ¿Por qué las personas querían ser amigas del voluntario?
       Respuesta: Porque el voluntario estaba repartiendo dulces.

#7   Pregunta: ¿A quién debemos seguir más?
       Respuesta: ¡A DIOS!

VERSÍCULO PARA MEMORIZAR

#8   Pregunta: ¿Cuál fue el versículo para memorizar de la semana pasada?
       Respuesta: «Hijos, obedezcan a sus padres porque ustedes pertenecen al Señor,[a] pues esto es lo correcto. «Honra a tu padre y a tu madre». Ese es el primer mandamiento que contiene una promesa» (Efesios 6:1-2, *NTV*).

EN EL LABORATORIO

#9   Pregunta: ¿Cuál fue el experimento de la semana pasada? ¿Qué significaba?
       Respuesta: La plastilina en forma de pelota se hundía, pero al darle la forma adecuada, flotaba; y ésta es una lustración de los niños obedientes. ¡La obediencia nos moldea para alcanzar el éxito!

DRAMA

#10   Pregunta: En "La zona del testimonio" de la semana pasada, ¿por qué estaba preocupada y necesitada de oración la mamá de Daniel (a)?
       Respuesta: Porque tenía muchas cuentas que pagar, y no contaba con suficiente dinero.

DRAMA

EN EL MEJOR DE LOS CASOS: "LA MAESTRA MOLESTA"

Concepto: Al estilo *reality show*, una variación del programa estadounidense llamado: "El peor de los casos". Éste enfatiza la vida de niños que han encontrado retos, pero que los han vencido con el poder de Dios y Su Palabra. Presentado por un narrador de programa de televisión.

Descripción de los personajes:

Narrador: Con personalidad de presentador de televisión.

Opción: Si no cuenta con un estudiante que pueda desempeñar el papel, puede sustituirlo con una voz detrás del escenario, o una narración pre-grabada.

Sra. Redding: La maestra de Lexie

Lexie: Niña cristiana, a quien le gustan los deportes

Disfraces:

Narrador: Chaqueta de color oscuro

Sra. Redding: Ropa de "maestra"

Lexie: Ropa escolar deportiva.

Implementos:
- 2 mesas y 2 sillas (el escritorio de la Sra. Redding y el de Lexie),
- agregue cualquier accesorio que tenga disponible, a fin de crear un ambiente de "escuela" (Ej: una manzana para el escritorio de la Sra. Redding, libros, pizarra),
- papeles (para que califique la maestra),
- papeles (para que Lexie escriba en ellos),
- lápiz,
- lapicero rojo o marcador.

Notas:

(Empieza con el narrador ubicado al lado del escenario)

NARRADOR:
Bienvenidos a "En el mejor de los casos", el programa que les permite observar las situaciones de la vida diaria de niños cristianos. Quizá ustedes piensen: "¿Qué hay de emocionante en eso?". Quédense con nosotros, y les mostraremos. En un momento, veremos cómo una situación desafiante se convierte "En el mejor de los casos". En otras palabras, el mejor resultado de una situación normal.

Ahora, conozcamos a nuestros personajes. Ella es Lexie. Tiene 11 años. Entre sus pasatiempos incluye *kickboxing*, golf y tronarse los nudillos. Su frase favorita es: "Sólo hazlo". Ella es la maestra de Lexie, la Sra. Redding. La Sra. Redding tiene..., bueno, ella no nos dijo su edad. Entre sus pasatiempos están leer, mirar el canal "Animal Planet" y hornear grandes galletas de chispas de chocolate. Su frase favorita es: "¡Examen sorpresa!". El tema del programa de hoy es: "Oren por sus líderes". Hoy, la Sra. Redding está molesta; de hecho, en sólo diez minutos pasó un examen sorpresa, asignó dos investigaciones y el informe de un libro. ¿Se rehusará Lexie a tomar una mala actitud y ayudará a su enojada maestra? Averigüémoslo.

(El narrador se queda inmóvil a un lado del escenario; la Sra. Redding, con enojo, está rayando y calificando unos papeles en su escritorio; Lexie está en su escritorio trabajando en silencio, luego se levanta).

SRA. REDDING:
F, F, F, D+, F…

LEXIE:
¿Sra. Redding?

SRA. REDDING:
(la observa)

LEXIE:
Aclara su garganta

SRA. REDDING:
¿Qué sucede?

LEXIE:
¿Se encuentra bien?

SRA. REDDING:
Claro, ¡estoy de maravilla! ¿Por qué no lo estaría?

(La Sra. Redding continúa calificando, pero de pronto lanza su manzana a la pizarra).

LEXIE:
Es que parece un poco molesta. ¿Hay algo por lo que pueda orar por usted?

SRA. REDDING:
Sí, ¿podrías orar para que mi esposo tuviera cerebro?

LEXIE:
¿Necesita un transplante de cerebro?

SRA. REDDING:
(La pregunta que le hizo Lexie le pareció graciosa, entonces comienza a calmarse).
No. Es que él ha sido un poco tonto.

LEXIE:
Creo que puedo orar al respecto.

SRA. REDDING:
Sólo estoy bromeando. En realidad no tienes que orar por eso. Simplemente tuvimos una discusión hoy por la mañana, antes de venir a la escuela; y desde entonces, estoy un poco molesta. Estaré bien.

LEXIE:
¿Le molestaría si oro con usted?

SRA. REDDING:
No, para nada.

LEXIE:
Señor, te pido que le des paz a la Sra. Redding y a su esposo. Tú has dicho que deseas que vivamos en paz y sin peleas. Ayúdalos para que sus corazones se ablanden, a fin de que sean pacientes y se perdonen entre sí; al igual que Tú nos perdonas. En el nombre de Jesús Amén.

SRA. REDDING:
Muchas gracias, Lexie. Ya me siento mejor.

LEXIE:
De nada. ¿Hay algo en que pueda ayudarla? Ya terminé mi examen y mi tarea.

SRA. REDDING:
¡Sería magnífico! Si pudieras ordenar esos papeles en orden alfabético, me ahorrarías algo de tiempo. Tengo otros papeles que revisar.

LEXIE:
No hay problema.

(Lexie toma unos papeles y regresa a su escritorio; la Sra Redding comienza a revisar de nuevo unos papeles; pero ahora colocando A y B)

SRA. REDDING:
Mmmm, no está mal. B+.

(La Sra. Redding y Lexie trabajan en silencio en los papeles; ahora la atención se dirige hacia el narrador).

NARRADOR:
Ahí lo tienen, "En el mejor de los casos". En lugar de molestarse con el examen sorpresa de la Sra. Redding, Lexie le dio un golpe al enojo —lo cual fue fácil, una vez que recordó que incluso los líderes se enojan y necesitan nuestras oraciones—. No sólo logró que la Sra. Redding se alegrara, sino que la oración de Lexie ¡funcionó! El esposo de la Sra. Redding le envió flores, lo cual la hizo muy feliz al punto que extendió el recreo a 30 minutos. Dijo que ya no hicieran la investigación ni el informe del libro; y además ¡no les dejó tarea de matemáticas! Y como si no fuera suficiente, al día siguiente, la Sra. Redding le preguntó a Lexie a qué iglesia asistía, pues deseaba acompañarla algún día. Hablando del mejor de los casos. Sólo con Dios las cosas pueden mejorar.

(El narrador sale, luego la Sra. Redding y Lexie).

Notas: _____
_____
_____
_____

Academia de Superniños • Vol. 2/6.ª semana • Honren a las autoridades

OFRENDA: PERMITAN QUE SU CORAZÓN DECIDA

Tiempo necesario: 10 minutos

Versículo para recibir la ofrenda: «*Cada uno debe decidir cuánto dar en su corazón...*».

(2 Corintios 9:7, *NTV*)

Implementos: ☐ 2 recipientes: uno etiquetado con la palabra "mente" y otro con la palabra "corazón", ☐ un billete de US$ 5, ☐ una moneda de cinco centavos, ☐ una barra de dulce grande, ☐ goma de mascar, ☐ un juguete bonito, ☐ un juguete barato (de los que vienen de sorpresa en el menú de comida para niños o de alguna máquina de juegos).

Instrucciones para recibir la ofrenda:

Pregunte Superniños, ¿cuántos de ustedes están listos para un pequeño examen sorpresa?

- Pero no se preocupen, este examen es bastante fácil, pues es de opción múltiple. Necesitaré un niño y una niña para que me ayuden con el examen.

Pregunte ¿Quién es bueno tomando estos exámenes?

- (Escoja a los cadetes mayores para que sea más fácil comprender el concepto de la prueba).

- Ayudantes, aquí hay dos recipientes, uno llamado "mente" y otro llamado "corazón". Antes de comenzar con la prueba, necesito leer un versículo de 2 Corintios 9:7: «*Cada uno debe decidir cuánto dar* **en su corazón**».

- Este pequeño examen se llamará: Mente versus Corazón. Le daré a cada uno de ustedes un objeto, y ustedes deben decidir cuál les dice su corazón que regalen y cuál les dice su mente que regalen. Luego, colocarán el objeto en el recipiente correspondiente. (Comience dándole la barra grande de dulce a un niño y la goma de mascar al otro).

Pregunte ¿Cuál creen que su corazón les dirá que es el más adecuado para regalar?

- (Permita que los niños decidan y coloquen el objeto donde ellos crean que debería ir).

- Es probable que su corazón les dijera que deben dar la barra de dulce, ya que es lo más generoso que pueden hacer, ¿cierto? Pero en ocasiones, nuestra cabeza nos dice que debemos conservar lo mejor para nosotros y sólo regalar lo más pequeño que tengamos. (Enséñeles a los niños, de par en par, el resto de los objetos).

- Cadetes, me gusta mucho la manera en que nuestro versículo de hoy nos enseña que debemos dar conforme a nuestro corazón. Dios nos lo ordena; porque Él sabe que cuando seguimos a nuestro corazón nunca nos equivocaremos. Y con Jesús en nuestro corazón, ¡éste iserá generoso! Seamos generosos con nuestro Dios mientras traemos nuestras ofrendas delante de ÉL.

> **Consejo para el maestro:** *Si los cadetes deciden "conservar" lo mejor, utilice eso como un hecho positivo. Puede decirle a los cadetes: "No siempre debemos dar el objeto más grande o el mejor; pero siempre debemos estar dispuestos a hacerlo si Dios pone el deseo en nuestro corazón".*

Notas: _____

Serie: Honren y obedezcan

BOSQUEJO DE LA LECCIÓN — HONREN A LAS AUTORIDADES

Versículo para memorizar: «Sométase toda persona a las autoridades superiores; porque no hay autoridad sino de parte de Dios, y las que hay, por Dios han sido establecidas».

(Romanos 13:1)

I. HONREN Y RESPETEN A TODAS LAS AUTORIDADES 1 Pedro 2:12-17
a. Cuando vivimos de manera honorable, provocamos que los demás honren a Dios.
b. Él nos lo pidió por Su bien (a favor de Él).
c. Ustedes honran la petición de Dios cuando respetan a las autoridades.

II. LA PALABRA DE DIOS NOS INDICA QUE DEBEMOS ORAR POR NUESTROS LÍDERES 1 Timoteo 2:1-6
a. Oren por ellos y agradezcan por sus líderes; ya sea que les agraden o no. El resultado será una vida tranquila y pacífica.
b. Esto es un acto bueno (es una acción de dar) y agrada a Dios, ésa es razón suficiente ¡para que lo hagamos!
c. Él tiene un gran propósito para nuestras oraciones, pues Él desea que todos sean salvos.

III. TODA AUTORIDAD ES UN REGALO DE PARTE DE DIOS Romanos 13:1-7
a. Cuando se revelan en contra de ellos, es lo mismo que revelarse en contra de Dios.
b. No le teman a las autoridades, como siervos de Dios, ellos están ahí para protegerlos.
c. Tomen la decisión de respetar y honrar a las autoridades —escuchen, sométanse y obedezcan.

Una palabra de la comandante Kellie: Enseñarle a nuestros superniños que deben honrar a las autoridades es muy importante, especialmente en estos días. La mayor razón por la que debemos hacerlo es porque ¡Dios nos lo pide! La vida tranquila y pacífica es una vida ¡bendecida! Es grandioso animar a nuestros niños, para que además de escuchar y obedecer a nuestras autoridades, también las traten y se refieran a ellas con respeto. Pídales a los niños que expandan su forma de pensar: ¿Quiénes son sus autoridades? Padres, maestros, policías, bomberos, pastores, niñeras, ancianos y por supuesto los líderes del gobierno. Explíqueles cómo deben llamarlos. ¿Debe ser por su primer nombre, policía o anciana? ¡Nunca! También me gusta enseñarles a decir: "señor" y "señora".

Otro punto importante: no importa si nos agrada o no la persona que se encuentra como autoridad o las cosas que hace. Las personas verán la diferencia en nuestros superniños y comenzarán a honrar a Dios. Y lo más importante, Dios <u>nos</u> honrará cuando honremos la manera en que Él hace las cosas.

Notas:

Academia de Superniños • Vol. 2/6.ª semana • Honren a las autoridades

LECCIÓN PRÁCTICA: ¿HONRAR A QUIÉN?

Tiempo necesario: 10 minutos

Versículo clave: «Sométase toda persona a las autoridades superiores; porque no hay autoridad sino de parte de Dios, y las que hay, por Dios han sido establecidas».

(Romanos 13:1)

Consejo para el maestro: Si desea puede hacer los disfraces más sencillos, utilice lo que tenga disponible para causar el mayor impacto.

Implementos: ☐ Disfraz de maestro (anteojos, corbata, libro o portapapeles, regla), ☐ disfraz de pastor (camisa de vestir, corbata, Biblia; si es posible utilice algo que su pastor vista), ☐ disfraz de policía (varios o todos de los siguientes artículos: gorra de policía, placa, camisa de uniforme, esposas), ☐ disfraz de presidente (chaqueta oscura, corbata, bandera de un país), ☐ mesa (para colocar todos los uniformes), ☐ cuatro trapos o toallas diferentes (para ocultar cada disfraz).

Instrucciones de la lección:

- Las últimas semanas en la academia de superniños hemos hablado acerca de *Honrar y obedecer*.

Pregunte ¿Puede alguien decirme qué significa *honrar*?

- (Escuche algunas respuestas de los superniños).
- *Honrar* significa "respetar". Hoy, estamos aprendiendo acerca de respetar a las autoridades.

Pregunte Además de sus padres, ¿sabe alguien quiénes podrían ser nuestras "autoridades"?

- (Escuche algunas respuestas de los superniños).
- Las autoridades son líderes. En la Palabra de Dios se nos afirma que debemos respetar a los líderes que nos tengan a su cargo. Pero ¿cómo podemos hacerlo si no sabemos quiénes son nuestros líderes? No se preocupen, sé cómo ayudarlos.

Pregunte ¿Hay alguien que sea bueno resolviendo pistas?

- (Escoja cuatro superniños emocionados para que lo ayuden).
- De acuerdo, comencemos. Veamos si podemos descubrir algunos líderes que Dios ha colocado en nuestra vida, a quienes debemos honrar. Les mostraré a mis asistentes una pista, luego veremos si pueden adivinarlo.

Pregunte ¿Está listo, ayudante 1?

- (Destape el disfraz de maestro. Pídale a su ayudante que se coloque el disfraz, y que sostenga el libro y la regla).

Pregunte ¿A quién creen que representa este disfraz?

- Un maestro. Están en lo correcto. Superniños, levanten la mano si tienen un maestro.

Pregunte ¿De que manera le muestran respeto a sus maestros?

- (Pídale a su ayudante que responda).
- La mejor manera de respetarlos es siguiendo sus instrucciones en la clase con una buena actitud. Ahora, continuemos, con el ayudante 2.
- (Destape el disfraz de pastor. Pídale a su ayudante que se coloque el disfraz, y que sostenga la Biblia).

Serie: Honren y obedezcan

Pregunte ¿A quién creen que representa este disfraz?

- Sus pastores. (Diga el nombre de sus pastores. Éste es un magnífico momento para que sus niños se conecten con sus pastores). ¡Correcto! Nuestros pastores ¡son un regalo de Dios! Entonces, éste es otro líder que sabemos que Dios desea que honremos.

Pregunte ¿Cómo le muestran respeto a sus pastores?

- (Pregúntele a su ayudante).
- Una manera sencilla de hacerlo es prestándoles atención cuando hablan. Al igual que lo estamos haciendo hoy en ¡la academia de superniños!

Pregunte **De acuerdo, ayudante 3. ¿Listo?** (Destape el disfraz de policía. Pídale a su ayudante que se coloque el disfraz, y que sostenga los demás accesorios).

- ¡Bastante fácil ¿Qué autoridad creen que es?
- Un policía.

Pregunte ¿De qué manera le demostramos honra a un policía?

- (Pregúntele a su ayudante).
- Podemos honrar a los policías obedeciendo la ley, siguiendo sus instrucciones y dirigiéndonos a ellos de manera apropiada. Por último, pero no menos importante. Ayudante 4. (Destape el disfraz de presidente. Pídale a su ayudante que se coloque el disfraz, y que sostenga la bandera).

Pregunte ¿Qué líder podría representar este disfraz?

- Al presidente. Buen trabajo.

Pregunte ¿De qué manera le podemos mostrar honra a nuestro presidente?

- (Pregúntele a su ayudante).
- Una buena manera de honrar a nuestro presidente es hablar bien de él y orar por él. Recuerden que Dios coloca líderes en nuestra vida para ayudarnos; sin embargo, ¡ellos también necesitan nuestra ayuda! Entonces no se olviden de orar por sus líderes todos los días. Algún día, ustedes serán líderes, y necesitarán que los superniños ¡oren por USTEDES!

Notas:

Notas:

LECCIÓN 7: HONREN Y OBEDEZCAN AL ESPÍRITU SANTO

- BIENVENIDA Y ORACIÓN
- VERSÍCULO PARA MEMORIZAR
- TIEMPO PARA JUGAR
- SUPLEMENTO 1: DRAMA
- OFRENDA
- ALABANZA Y ADORACIÓN
- BOSQUEJO DE LA LECCIÓN
- SUPLEMENTO 2: LA COCINA DE LA ACADEMIA
- ORACIÓN, ANUNCIOS Y MATERIAL DE APOYO

Versículo para memorizar: «Confía en el SEÑOR con todo tu corazón, no dependas de tu propio entendimiento. Busca su voluntad en todo lo que hagas, y él te mostrará cuál camino tomar». (Proverbios 3:5-6, *NTV*)

Serie: Honren y obedezcan

 **TIEMPO PARA JUGAR** — **SERIE DE JUEGOS: TRES EN LÍNEA**

 **Tiempo necesario:** 5—10 minutos

 **Versículo para memorizar:** «Confía en el SEÑOR con todo tu corazón, no dependas de tu propio entendimiento. Busca su voluntad en todo lo que hagas, y él te mostrará cuál camino tomar».

(Proverbios 3:5-6, *NTV*)

 **Consejo para involucrar a los adolescentes:** Involucrar a los adolescentes como auxiliares es una gran forma de desarrollar la confianza en sí mismos, y un adolescente ameno y activo mantendrá a los niños involucrados y atentos.

Implementos: ☐ 9 recipientes plásticos (de varios colores y diseños), ☐ 9 "meriendas" para colocar en cada recipiente (tarta de frutas, cubiletes, etc.), ☐ portapapeles (para las preguntas), ☐ preguntas de la lección de la semana pasada (escriba sus propias preguntas o utilice las sugeridas) Opcional: Si desea escribir sus propias preguntas, le damos un ejemplo. ☐ música de fondo para utilizar durante el juego (música instrumental para juegos es la apropiada), ☐ velcro (para pegar las X y las O en los recipientes), ☐ 5 dibujos o impresiones de las X y 5 de las O (para pegar con velcro en la parte trasera de los recipientes).

Opcional: Vestuario del anfitrión y del asistente: chaqueta llamativa, lentes de sol, vestido, etc.
Opcional: Alguien que indique cuándo aplaudir como en los juegos de televisión.

Antes del juego:

- Debido a que ésta es una "serie de juegos" que corresponde a las enseñanzas semanales, la preparación inicial necesitará más esfuerzo, pero al público ¡le encantará! Infórmeles a los superniños que realizarán este juego durante las siguientes tres semanas de enseñanzas: Honren y obedezcan; y que utilizará preguntas de la semana pasada para jugar: Tres en línea. Observe la manera en que su grupo pone atención.

1. En la parte de atrás de cada recipiente, coloque dos piezas de velcro. Debe colocarlas en la posición correcta para sostener la X o la O.
2. Dibuje cinco X y cinco O en papel de colores llamativos (el amarillo es mejor). Le recomendamos utilizar el mismo color para todas sus X y O, en caso de que algún superniño le dé un vistazo al recipiente. Los cadetes son inteligentes, entonces pueden saber el significado de los diferentes colores.
3. Emplastique las X y las O para que no las rompan al momento de cambiarlas de recipientes en las siguientes semanas.
4. Coloque la otra parte de velcro en las X y O emplasticadas.
5. Coloque una X o una O a cada recipiente. Le sobrará una X o una O. Por ejemplo, si utiliza más X que O, la semana siguiente deberá hacer lo contrario.
6. Coloque una merienda en cada recipiente.
7. Coloque los recipientes sobre su escenario, ocultándoles las X y las O a los superniños.
8. Coloque las preguntas en el portapapeles. (Escriba las suyas o utilice las sugeridas).

Instrucciones del juego:

- Encienda de inmediato la música del juego. La base para este juego es la buena presentación. Para hacer las cosas más interesantes, utilice un asistente en el espectáculo para que le dé vuelta a los recipientes (como lo haría un glamoroso asistente de espectáculos, con un llamativo movimiento de manos). También le recomendamos trajes llamativos. En la tiendas de segunda mano, puede conseguir este tipo de atuendo.

- Exprese: "¡Bienvenidos a Tres en líneaaaa! El juego donde los aburridos recipientes se transforman en ¡deliciosos portadores de comida! Todas las preguntas que haremos durante el juego se tomarán en base a la lección de la semana pasada.

- Escoja dos superniños que hayan asistido al servicio de la semana pasada. Lea la pregunta No. 1. Si un jugador sabe la respuesta, debe levantar su mano. El primer jugador que levante la mano, puede responder. Si acertó, permítale escoger si desea ser la X o la O, y tomar un recipiente. No permita que el jugador 1 gire el recipiente; pues usted lo hará. Utilice ese tiempo para darle emoción a la actividad, así como lo haría un presentador de juegos: "¿Será una X o una O? ¡Descubrámoslo!"

- Después de que el jugador 1 haya respondido correctamente y haya escogido una caja, formúlele una pregunta al jugador 2. Si el jugador 2 acierta, puede escoger una caja; si no, juega de nuevo el número 1.

- Continúe de esta manera hasta que alguien obtenga tres X o tres O. En ese momento, diga: "Tenemos ¡tres en línea!". Deje que el superniño ganador abra los tres recipientes ganadores y que se lleve a casa la merienda como su premio.

Debido a que este juego es bastante complicado, sólo es necesaria una ronda.

Objetivo del juego:

Prestarle especial atención a la Palabra de Dios, a fin de obtener oportunidades para ¡ser bendecido!

Aplicación:

Cuando prestamos especial atención a la Palabra de Dios, hay muchos "regalos" asombrosos esperando por nosotros, incluso mucho mejores que los que obtenemos de este juego ¡"tres en línea"!

Notas:

LAS LETRAS PARA TRES EN LÍNEA SE ENCUENTRAN EN LAS PÁGINAS 30 Y 31

TRES EN LÍNEA (10 preguntas en total)

LECCIÓN (5 preguntas)

#1 P: _____

R: _____

#2 P: _____

R: _____

#3 P: _____

R: _____

#4 P: _____

R: _____

#5 P: _____

R: _____

Notas: _____

TRES EN LÍNEA (10 preguntas en total)

OFRENDA (2 preguntas)

#1 P: _____
_____

R: _____
_____

#2 P: _____
_____

R: _____
_____

VERSÍCULO PARA MEMORIZAR (1 pregunta)

#1 P: _____
_____

R: _____
_____

COMODÍN (2 preguntas)

#1 P: _____
_____

R: _____
_____

#2 P: _____
_____

R: _____
_____

PREGUNTAS PARA TRES EN LÍNEA: VOL. 4/7.ª semana

(Repaso tomado del Vol. 4/6.ª semana)

LECCIÓN

#1 Pregunta: ¿Quién nos pide que honremos y respetemos a las autoridades?
Respuesta: Dios.

#2 Pregunta: ¿Qué se supone que debemos hacer por nuestros líderes?
Respuesta: Orar por ellos.

#3 Pregunta: ¿Por qué Dios desea que oremos por nuestros líderes?
Respuesta: Porque Él quiere que todos sean salvos;
o
Porque Él desea que vivamos tranquilos y en paz.

#4 Pregunta: Al honrar a nuestros líderes, ¿a quién más estamos honrando?
Respuesta: A Dios.

#5 Pregunta: ¿Qué nos promete Dios cuando honramos a nuestros líderes?
Respuesta: Paz y tranquilidad/ "La dulce vida".

OFRENDA

#6 Pregunta: ¿Qué parte de su cuerpo le ayuda a decidir cuánto darle a Dios?
Respuesta: Su corazón.

#7 Pregunta: ¿Qué parte de su cuerpo **no** debe decidir cuánto darle a Dios?
Respuesta: Su cabeza.

VERSÍCULO PARA MEMORIZAR

#8 Pregunta: ¿Cuál fue el versículo para memorizar de la semana pasada?
Respuesta: «Sométase toda persona a las autoridades superiores; porque no hay autoridad sino de parte de Dios, y las que hay, por Dios han sido establecidas» (Romanos 13:1)

LECCIÓN PRÁCTICA

#9 Pregunta: Enumere los cuatro líderes que aprendimos que debemos honrar.
Respuesta: Maestro, pastor, policía y presidente.

DRAMA

#10 Pregunta: ¿De qué manera ayudó Lexie a su maestra molesta?
Respuesta: Oró por ella, y luego le ayudó a ordenar unos papeles.

DRAMA

LA ZONA DE TESTIMONIO: "AMIGOS EN LUGARES DIFÍCILES"

Concepto: Una adaptación del programa televisivo: *Dimensión desconocida* en la cual se enfatizan las dos maneras en que los niños manejan las situaciones diarias: Primero, a su manera; luego, a la manera de Dios.

Música: El tema musical de: *"La dimensión desconocida"* (para utilizarlo de fondo mientras el narrador habla; con facilidad lo encontrará en la Internet).

Descripción de los personajes:

Narrador: Con personalidad de presentador de televisión.
  Opción: Si no cuenta con un estudiante que pueda desempeñar el papel, puede sustituirlo con una voz detrás del escenario o con una narración pre-grabada
Parker: Niño (a) no cristiano (a)
Taylor: Niño (a) cristiano (a)

Disfraces:

Narrador: Chaqueta oscura, camisa formal blanca, corbata oscura y lentes de sol
Parker: Ropa casual de "pesca"
Taylor: Ropa casual de "pesca"

Implementos: ■ 2 cañas de pescar (por seguridad, quite los ganchos), ■ equipo de pesca, ■ mochila o una bolsa de comida ■ Un chocolate Kit Kat®.

Notas:

(Comienza con el narrador a un costado del escenario)
(**MÚSICA** del programa la dimensión desconocida)

NARRADOR:
Están a punto de entrar a una zona como ninguna, donde la vida cotidiana es todo, menos normal; y donde las conversaciones de todos los días pasan en un instante, de algo ordinario a algo impactatante. Es el lugar donde se toman las decisiones eternas. Donde la fe conoce el temor, y donde el valor conoce la duda. Una zona donde los superniños se convierten en hacedores de historia o bien salir huyendo. Ajusten sus cinturones y prepárense para el viaje que están a punto de comenzar en... "La zona de testimonios".

(LA **MÚSICA** del programa *"La dimensión desconocida"*).
(El narrador se queda inmóvil y a un costado del escenario)
(Los amigos están sentados en la orilla del escenario con las cañas de pescar; y uno está muy callado)

TAYLOR:
¿Estás bien?

PARKER:
Sí, ¿por qué?

(Taylor intenta animarlo).

TAYLOR:
No estás actuando normal hoy. ¿Se comió alguien tu cereal *Captain Crunch*®?

PARKER:
Anoche, internaron a mi abuelo en el hospital.

(Eso tomó por sorpresa a Taylor, y hace una pausa antes de seguir hablando)

TAYLOR:
¿Qué le pasó a tu abuelo?

PARKER:
Los médicos descubrieron que tiene cáncer. Incluso dijeron que podía morir.
La idea de que mi abuelo muera, en realidad me asusta.

(Taylor se pone nervioso y saca un chocolate *Kit Kat* ® de su mochila o de su bolsa de comida)

TAYLOR:
¿Quieres un chocolate?

PARKER:
No, gracias.
(Parker está triste y con la mirada perdida).

NARRADOR:
Lo que acaba de presenciar fue a un amigo con problemas, en una situación definitivamente difícil. Cuando Taylor se puso nervioso y cambió de tema: "La zona de testimonio" cerró la puerta. Veamos qué sucede cuando él confía en el Espíritu Santo para que guíe sus palabras.

(Los amigos están sentados en la orilla del escenario con las cañas de pescar; y uno está muy callado)

TAYLOR:
¿Estás bien?

PARKER:
Sí, ¿por qué?

(Taylor intenta animarlo)

TAYLOR:
No estás actuando normal hoy. ¿Se comió alguien tu cereal *Captain Crunch*®?

PARKER:
Anoche, internaron a mi abuelo en el hospital.

(Eso tomó por sorpresa a Taylor, y hace una pausa antes de seguir hablando)

TAYLOR:
¿Qué le pasó a tu abuelo?

PARKER:
Los médicos descubrieron que tiene cáncer. Incluso dijeron que podía morir. La idea de que mi abuelo muera, en realidad me asusta.

(Taylor está un poco nervioso; sin embargo, habla de todas formas)

TAYLOR:
Sabes algo, tu abuelo no tiene por qué morir.

PARKER:
¿Qué?

TAYLOR:
Bueno, Jesús vino para que todos pudiéramos tener vida. Él desea que tengamos vidas saludables y felices. Él se interesa por ti y por tu abuelo.

PARKER:
¿Cómo sabes que Él se interesa por NOSOTROS?

TAYLOR:
Porque Él dejó el cielo para morir por ustedes, a fin de que tú y tu abuelo pudieran ser sanos.

PARKER:
Veamos si entiendo. ¿Estás diciendo que Jesús vino del cielo para morir por nosotros? ¿Y que puede hacer que mi abuelo mejore?

(Taylor respira profundamente, tomando valor)

TAYLOR:
Así es, eso estoy diciendo.

PARKER:
Eso es asombroso. Iremos a ir al hospital cuando regrese a casa, ¿puedes acompañarnos y contarle lo mismo a mi abuelo?

TAYLOR:
¡Por supuesto!

NARRATOR:
Ahí lo tienen. Otra puerta abierta, otra victoria. Surgió un reto, y se venció. Cuando Taylor le obedeció al Espíritu Santo, y le dijo a Parker las buenas nuevas de Jesús; el abuelo se sanó y ¡la familia entera de Parker cambió! Y Taylor aprendió a ser más valiente cuando es necesario confiar en la guía del Espíritu Santo. Es una dimensión que reta a todo superniño a formular la siguiente pregunta: "¿Qué haré la siguiente vez que entre a...'La zona de testimonios'?"

(El volumen de la **MÚSICA** del programa: *"La dimensión desconocida"* comienza a atenuarse)
(Salen todos los personajes)

Academia de Superniños • Vol. 4/7.ª semana • Honren y obedezcan al Espíritu Santo

OFRENDA: ¡EMPIECEN A COMER!

Tiempo necesario: 10 minutos

Versículo para recibir la ofrenda: «*Vendían sus propiedades y posesiones y compartían el dinero con aquellos en necesidad*». (Hechos 2:45, *NTV*)

Implementos: ☐ 1 mesa pequeña, ☐ 3 sillas, ☐ 1 taza de pudín instantáneo, ☐ 1 caja de cereal, ☐ 1 litro de leche, ☐ 1 vaso transparente, ☐ 1 pajilla.

Antes de la ofrenda:

- Ponga la mesa con las sillas frente al público. Coloque la taza de pudín sobre la mesa frente a una de las sillas; enfrente de la siguiente silla coloque la caja de cereal y el envase de leche; y por último, coloque el vaso vacío con la pajilla adentro.

Instrucciones para recibir la ofrenda:

- Superniños, habrán notado que traje conmigo algunos bocadillos deliciosos, me pregunto si habrá algunos cadetes que tengan un poco de hambre.
- (Escoja tres niños para que se sienten a la mesa).
- De acuerdo, empiecen a disfrutar los bocadillos que les traje.
- (Espere ver la reacción de los niños. Es probable que comiencen diciéndole que necesitan ciertas cosas para comenzar a comer. Hable con cada uno y descubra qué es lo que les falta: al pudín, una cuchara; al cereal, un tazón y cuchara; al vaso, algo para beber).
- Lo que en realidad estaba haciendo hoy era probar a mis ayudantes. No podían disfrutar de sus bocadillos de manera apropiada, pues a cada uno le faltaba algo que necesitaba, ¿cierto? Permítanme contarles una historia acerca de un grupo de personas que se mencionan en la Biblia, quienes se aseguraron que cada persona en su iglesia tuviera lo que necesitaba. En Hechos 2, leemos que Pedro salió a la calle el día en que el Espíritu Santo se derramó en el Aposento Alto, y Pedro comenzó a predicar. Cuando terminó de predicar, 3,000 personas decidieron aceptar a Jesús en su corazón. Adivinen qué sucedió después. Ese grupo de personas comenzó a compartir su comida con los demás, y a orar juntos todos los días. Incluso leemos en la Biblia que vendieron sus pertenencias, juntaron su dinero y Dios se aseguró que todos tuvieran lo que necesitaban. Cuán asombroso es ver que unas personas se amaran tanto que se asociaron con Dios y se aseguraron de que todos los demás tuvieran lo que necesitaban. No sé ustedes, pero a mí me gustaría ser como ellos, y podemos comenzar a imitarlos trayendo nuestras ofrendas hoy.

Notas:

 **BOSQUEJO DE LA LECCIÓN** — HONREN Y OBEDEZCAN AL ESPÍRITU SANTO

 **Versículo para memorizar:** «Confía en el SEÑOR con todo tu corazón, no dependas de tu propio entendimiento. Busca su voluntad en todo lo que hagas, y él te mostrará cuál camino tomar».

(Proverbios 3:5—6, NTV)

I. USTEDES HONRAN AL ESPÍRITU SANTO CUANDO CONFÍAN EN ÉL

a. Hónrelo como un regalo precioso que Jesús les dio para ayudarlos. Juan 14:15-18, 26-27

b. El Espíritu Santo es el mejor guía para quienes confían (descansan en Él) para saber qué camino tomar todos los días. Proverbios 3:5-6

c. Él los guiará hacia la verdad, les hablará acerca del futuro y les dará ¡mensajes de parte de Jesús! Juan 16:12-15

II. USTEDES HONRAN AL ESPÍRITU SANTO CUANDO ¡PERMITEN QUE ÉL LOS AYUDE!

a. Él nos ayuda en <u>cada</u> área de debilidad. Romanos 8:26

b. Permitan que los ayude a vivir de manera honorable. Efesios 4:23-24

c. Por tanto, no lo contristaremos por nuestra forma de vivir. Eso es honra. Efesios 4:25-32

d. Obedezcan lo que Él les indique realizar. Gálatas 5:16

III. HONREN AL ESPÍRITU SANTO DÁNDOLE LA BIENVENIDA EN SU INTERIOR

a. Honramos al Espíritu Santo cuando escuchamos Su llamado y cuando le damos nuestro tiempo. Salmos 27:8-9

b. Jesús le da "Agua viva" a cualquiera que se lo pida. Juan 7:38-39

c. Honramos al Espíritu Santo cuando lo invitamos para que nos llene.

d. Lo honramos cuando le damos nuestra voz; por tanto, <u>nunca debemos sentir temor,</u> pues cuando oramos expresamos ¡<u>Sus</u> palabras!

 ***Una palabra de la comandante Kellie:*** Honrar el deseo de Jesús de enviarnos al Espíritu Santo es recibirlo a Él y el don de hablar en lenguas. El Espíritu Santo (de acuerdo con Jesús) es esencial para nuestro caminar con el Señor. ¿Cómo pueden ustedes seguir a alguien que no pueden ver ni escuchar? El Espíritu Santo es el agente revelador de Jesús (Juan 14-16). Él nos dice cosas que Jesús quiere que sepamos (Juan 16:12-13). Él escudriña el plan (las cosas secretas) que Dios tiene para nosotros y nos dice qué hacer (1 Corintios 2:9-10).

Déles la oportunidad a sus superniños de recibir la llenura del Espíritu Santo. Luego, ayúdelos a que ¡honren ese don! Les he enseñado a mis superniños a que <u>nunca</u> tengan temor de hablar en lenguas. Ellos dan <u>su</u> voz para expresar las palabras de Dios; es decir, Su voluntad para sus vidas. Con frecuencia, anímelos con estas palabras. En ocasiones, durante los servicios, dígales: "Oremos en el espíritu", y luego a medida que ellos aprendan a darle sus voces al Espíritu, serán más sensibles para escuchar <u>Su</u> voz. ¡Y la obediencia se convierte en la respuesta obvia después de escuchar Su voz!

Notas: _____

_____

_____

 **LA COCINA DE LA ACADEMIA** | **SUMÉRJANSE EN EL ESPÍRITU SANTO**

Tiempo necesario: 10 minutos

Versículo clave: «Además, el Espíritu Santo nos ayuda en nuestra debilidad. Por ejemplo, nosotros no sabemos qué quiere Dios que le pidamos en oración, pero el Espíritu Santo ora por nosotros con gemidos que no pueden expresarse con palabras». (Romanos 8:26, NTV)

Consejo para el maestro: Sería buena idea medir todos los ingredientes antes de comenzar y llevarlos en recipientes pequeños. Siempre es divertido pedirle a un niño o una niña que le ayude a agregar los ingredientes y mezclar. Por supuesto, necesitará que prueben la receta. No olvide enfriar el aderezo unos minutos, a fin de que ¡nadie se queme la lengua!

Implementos: ☐ Microondas, ☐ 1 tazón de vidrio mediano, ☐ 1 cuchara grande, ☐ envoltorio plástico para microondas, ☐ aisladores.

Receta del aderezo favorito de Popeye:

Ingredientes: ☐ 1 diente de ajo picado, ☐ 1/2 taza de mayonesa, ☐ 1 taza de crema agria, ☐ 3/4 de taza de alcachofas en conserva picadas, ☐ 1/4 de taza de chiles verdes picados, ☐ 1 paquete de 10 onzas de espinaca picada congelada (descongélela, escúrrala perfectamente y quítele el exceso de agua), ☐ 3/4 de taza de queso parmesano, ☐ 1/8 de cucharadita de paprika, ☐ aceite para cocinar, ☐ 1 paquete de pan pita (cortado en tajadas) o galletas saladas.

1. Rocíe el tazón mediano con aceite para cocinar, coloque el ajo en el tazón.
2. Cubra fuertemente con el envoltorio plástico y métalo al microondas por 1 minuto o hasta que el ajo esté friéndose.
3. Mézclelo en la crema agria y la mayonesa.
4. Agregue el resto de ingredientes a la mezcla de crema agria.
5. Cúbralo con el envoltorio plástico y caliéntelo en el microondas durante 4 a 6 minutos, o hasta que se caliente. No olvide utilizar los aisladores al sacar el tazón del microondas, ya que estará caliente.
6. Sírvalo con tajadas de pan pita o galletas. ¡Delicioso!

Instrucciones de la lección:

- Niños y niñas, cocinar con ustedes es ¡muy divertido! De hecho, estoy buscando un cadete que desee ayudarme hoy en la cocina. (Escoja un ayudante. Consejo: con esta receta, asegúrese que usted será el único que podrá sacar el tazón del microondas).
- Me gusta llamar a este aderezo especial: "El favorito de Popeye". ¿Puede decirme alguien por qué? Porque tiene espinacas. ¿Qué opina, Chef, si leemos nuestra receta y comenzamos? (Prepare el aderezo siguiendo los pasos 1 al 5, permitiendo que su asistente lo ayude al colocar y mezclar los ingredientes).

Pregunte Ahora que hemos terminado nuestro delicioso aderezo, ¿desea alguno de ustedes probarlo?

- (Escoja de dos a cuatro niños para que lo prueben, asegurándose que no esté muy caliente antes de que lo prueben).
- Quiero hacerles a todos ustedes una pregunta.

Pregunte Estoy seguro que la mayoría de ustedes conoce a Popeye, ¿correcto? Mi pregunta es la siguiente: En las caricaturas de Popeye, ¿cuál es la característica principal de la espinaca? ¿Qué se supone que pasa cuando Popeye abre la lata y se come la espinaca? **(Escuche las respuestas de los niños)**

- Correcto, ¡de inmediato se hace fuerte! ¿Sabían que nosotros como cristianos poseemos algunos que nos da una fuerza extra? En Romanos 8, leemos que el Espíritu Santo nos ayuda cuando somos débiles; podríamos decir que Él es como nuestra espinaca, y que al aferrarnos a Él nos volvemos superfuertes en nuestro espíritu. Ahora bien, ¿qué es lo emocionante al respecto? Podemos ser más fuertes que Popeye, y ¡ni siquiera necesitamos comer espinacas!

LECCIÓN 8: LA GRANDEZA A LA MANERA DE DIOS

 **BIENVENIDA Y ORACIÓN**

 **VERSÍCULO PARA MEMORIZAR**

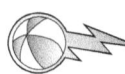 **TIEMPO PARA JUGAR**

 **SUPLEMENTO 1: TIEMPO DE LECTURA**

 **OFRENDA**

 **ALABANZA Y ADORACIÓN**

 **BOSQUEJO DE LA LECCIÓN**

 **SUPLEMENTO 2: LECCIÓN PRÁCTICA**

 **ORACIÓN, ANUNCIOS Y MATERIAL DE APOYO**

 **Versículo para memorizar:** «*Quien quiera ser el primero, debe tomar el último lugar y ser el sirviente de todos los demás*».

(Marcos 9:35b, *NTV*)

Serie: Sean siervos

Academia de Superniños • Vol. 4/8.ª semana • *La grandeza a la manera de Dios*

 **TIEMPO PARA JUGAR** — **SERVIR**

 **Tiempo necesario:** 7—10 minutos

 **Versículo para memorizar:** «*Quien quiera ser el primero, debe tomar el último lugar y ser el sirviente de todos los demás*».

(Marcos 9:35b, *NTV*)

 **Consejo para el maestro:** Involucrar a los adolescentes como auxiliares es una gran forma de desarrollar la confianza en sí mismos, y un adolescente ameno y activo mantendrá a los niños involucrados y atentos.

Implementos: ☐ 2 bandejas de mesero llenas con comida que no se derrame, ☐ 2 delantales.

Antes del juego:

- Enséñeles a los niños el versículo para memorizar. Escoja dos equipos de cuatro niños que sepan el versículo. Pídales a los dos primeros niños que se coloquen los delantales y que sostengan las bandejas como lo haría un mesero.

Instrucciones del juego:

- Dígale a sus "meseros" que preparen sus bandejas, y luego deben repetir el versículo. Tan pronto como lo repitan de manera correcta, deben caminar por la habitación intentando no botar nada de lo que contenga la bandeja. Si lo botan, deben recoger lo que botaron y repetir nuevamente el versículo sin seguir caminando. Después de repetir el versículo, deben comenzar a caminar de nuevo. Una vez que hayan regresado con éxito al frente del salón, deben entregarle el delantal y la bandeja al siguiente miembro del equipo y así sucesivamente. El primer equipo que complete su "entrenamiento para servir", gana.

Aplicación:

Después del juego, dígales que son unos maravillosos servidores. Recuérdeles lo que Jesús afirmó en Mateo 23:11: «*El que es el mayor de vosotros, sea vuestro siervo*». Nuestro objetivo debería ser buscar ¡a cuántas personas podemos servir todos los días!

Notas:

Serie: Sean siervos

TIEMPO DE LECTURA — GRANDEZA

 **Consejo para el maestro:** Se le dan opciones para desarrollar la presentación de la historia

 **Consejo para involucrar a los adolescentes:** Repasar el guion antes de iniciar la clase e involucrar a los adolescentes como auxiliares es una gran forma de mantener a los niños involucrados y atentos.

 **Consejos para el dibujante:** Corte el papel según el tamaño del pizarrón y péguelo. Trace un boceto a lápiz del dibujo, antes de realizar la presentación durante la lección. Pues quizá no haya tiempo para completarlo y colorearlo en la escena. Difumine las líneas con borrador, a fin de que sean visibles para el dibujante, no para el público. Lea antes el guion para determinar el tiempo necesario para terminar la ilustración en el escenario. Cuando inicie la historia, use marcador negro para resaltar el dibujo, siguiendo las líneas guías. Después coloréelo usando tizas de color pastel. Luego difumine los colores con un pedazo de tela. Finalmente, quite el papel del pizarrón, enróllelo, amárrelo con bandas elásticas, y luego; regáleselo a un niño!

Implementos para el dibujo: ☐ Caballete (para colocar el poliestireno expandido), ☐ 1 pieza grande de poliestireno expandido (Se recomienda una de 30" x 48", la cual puede comprar en una tienda de manualidades), ☐ 1 rollo de papel blanco tamaño pancarta (ya sea material del maestro o comprado en la tienda de manualidades), ☐ marcadores negros (para el boceto y para delinearlo), ☐ tizas color pastel (de una tienda de manualidades), ☐ trapos (para mezclar la tiza), ☐ tijeras (para cortar el papel a la medida que se necesita), ☐ cinta adhesiva (para pegar el papel al poliestireno expandido), ☐ bandas elásticas (para amarrar el dibujo que se regalará), ☐ mesa pequeña (para colocar los implementos durante la lección), ☐ lápiz y borrador (los lápices de grafito son mejores), ☐ bata (para mantener limpia la ropa del dibujante).

Antes de la actividad:

De las siguientes opciones de presentación, escoja cuál se adapta mejor para su equipo:

1. Tiempo de lectura:

Seleccione su elenco con antelación (pueden ser miembros del equipo o superniños que sepan leer bien, y que además, tengan talento dramático y sean expresivos) para que lean las líneas de los personajes de la obra. La cantidad de personas que seleccione dependerá de cuántos personajes tengan líneas en la historia o cuántas personas tenga disponibles. Si no cuenta con muchas, puede utilizar una persona para que lea dos personajes. Sólo asegúrese que las voces sean distintas. Saque copias del guion y resalte las líneas de cada uno. Le sugerimos que realicen antes un ensayo de lectura, a fin de asegurarse que la lectura fluya. Para añadirle diversión, usen disfraces. Al principio de la historia, presente a su elenco.

Lista de personajes/disfraces:
Marcel: *Jeans*, camiseta, videojuego portátil
Sam: Pantalones cortos, camiseta, juguetes para la playa
Mamá: Biblia grande y usada

2. Historia ilustrada:

Si hay algún dibujante en su equipo, será de gran ayuda para su presentación. Mientras se lee la historia, el artista puede realizar un dibujo en relación al tema, el cual se regalará como premio al finalizar. Utilice este premio como incentivo para los superniños, a fin de que permanezcan callados y presten atención. Al inicio, deberá comprar algunos implementos, pero no permita que esa compra lo disuada para no utilizar esta opción. Una vez que compre el material, éste le durará mucho tiempo y podrá usarlo de nuevo.

Notas: _____

Marcel era un niño a quien le gustaba hacer muchas cosas diferentes, y al parecer era muy bueno en todo lo que hacía.

Su frase favorita después de hacer algo bien era: "¡Grandioso!". Por ejemplo, si Marcel estaba jugando baloncesto y anotaba tres puntos, sonreía y decía: "¡Grandioso!".

Cualquiera que estuviera cerca de Marcel por un momento escucharía esa palabra.

Ahora bien, había algo que Marcel NO disfrutaba mucho, y era cuidar a su hermano menor. Sam tenía 3 años, y constantemente molestaba a su hermano mayor. Sam le decía "Cel" en lugar de Marcel, quizá porque tenía 3 años.

Él escuchaba decir a su madre desde el pasillo: "Marcel, ¿ayudarías a tu hermano, por favor, a recoger sus cosas?".

—Estoy ocupado, mamá —le respondía.

Pero Marcel estaba entretenido con su videojuego favorito: "Cucarachas invisibles desde el espacio". Marcel apuntaba con su láser y eliminaba a las cucarachas enemigas que quedaban.

—¡Grandioso! —exclamó Marcel.

—¿Qué fue eso, hijo? —le preguntó su mamá.

—Lo de siempre, mamá —le respondió Marcel, mientras su madre recogía la ropa de Sam del suelo.

—¿Podrías llevar a Sam al patio y jugar con él en la caja de arena un momento?

A Marcel no le gustaba para nada la caja de arena. No había nada que ganar ahí, entonces ¿qué había de divertido? Además, algunas veces la arena se mojaba, y se pegaba a su ropa.

Sam caminó hacia su hermano y le dijo: "¡Caja!".

Marcel hizo una mueca y lanzó su control láser hacia el estante donde se mantenían sus juegos. El arma cayó sobre el estante y se deslizó hacia el montón de juegos adonde pertenecía.

—¡Grandioso! —exclamó Marcel.

Mientras Sam jugaba en la caja de arena, Marcel estaba molesto.

—¿Por qué mamá quiere que cuide a este... bebé? —se preguntaba Marcel, mientras Sam hacía una montaña de arena y colocaba una tapa de plástico en la cima. Sam sonrió.

—Vamos, Cel, ¡divirtámonos! —gritó Sam.

Marcel lo vio con disgusto, y abrió la puerta.

—Mamá, ya no soporto estar en la caja de arena —gritó Marcel—. Además, Sam ya se quiere entrar.

Su madre les hizo señas para que se entraran. Sam no estaba contento por dejar su caja de arena. Y protestó mientras Marcel lo sacaba de la arena.

—Juguemos arena, Cel, ¡juguemos arena!

—Mamá quiere que entremos y no puedo hacer nada al respecto —le dijo Marcel mientras ignoraba el llanto de su hermano.

Cuando entraron por la puerta, Marcel agarró una naranja que se había caído de la mesa. La lanzó por detrás de su espalda y cayó en la canasta de frutas, la cual se movió.

—¡Grandioso! —dijo cuando caminaba hacia su habitación, y cerraba la puerta; mientras tanto Sam se lamentaba en la sala. Después de la cena, la mamá de Marcel lavó los platos mientras su hijo mayor atacaba a cucarachas espaciales en la otra habitación.

A cada cierto tiempo lo escuchaba decir: "¡Grandioso!". Después de llevar a Sam a la cama, la mamá de Marcel le pidió que se sentara con ella por unos minutos. Ella colocó su Biblia sobre sus piernas y la abrió.

—Hijo, me alegra que te guste hacer cosas que conlleven "grandeza". De hecho, tu frase favorita ha sido "grandioso" desde hace mucho tiempo. —Marcel observó a su mamá y sonrió.

—Supongo que lo repito mucho —le respondió.

—Bueno, talvez no te has dado cuenta, pero también para Dios es de gran importancia la grandeza —continuó diciéndole su mamá

Ella abrió su vieja Biblia, la cual había usado por muchos años.

—Escucha lo que la Palabra de Dios nos afirma acerca de anhelar la grandeza.

Su madre aclaró la garganta y comenzó a leer.

«Mas ellos callaron; porque en el camino habían disputado entre sí, quién había de ser el mayor. Entonces él se sentó y llamó a los doce, y les dijo: Si alguno quiere ser el primero, será el postrero de todos, y el servidor de todos». (Marcos 9:34—35)

Ella cerró la Biblia y miró a su hijo.

—La grandeza a la manera de Dios es cuando no somos egoístas. También cuando somos siempre de bendición para los demás. Dios quiere que seas grandioso; pero Él afirma que la grandeza viene cuando le hacemos el bien a nuestros semejantes.

Más tarde, Marcel se metió a su cama y bostezó. Mientras se acostaba, sintió que algo le lastimaba la espalda. Revisando bajo sus sábanas, sacó un *walkie—talkie* que había estado perdido durante una semana.

—¿Dónde habías estado escondido? —preguntó Marcel mientras lo lanzó al armario. El *walkie—talkie* rebotó en la pared, topó con la lámpara y se detuvo de manera perfecta a la par del cargador de baterías. Marcel sonrió medio dormido, pero no dijo nada. A la mañana siguiente, cuando Marcel se despertó se encontraba Sam a 5 centímetros de su cara. Sam estaba de pie a la par de la cama de Marcel, sosteniendo un cohete de juguete.

—¿Jugamos? —le preguntó Sam.

Marcel comenzó a decirle que lo dejara solo; sin embargo, antes de que su hermano le respondiera, él recordó lo que su mamá le había leído la noche anterior. Marcel escuchó cómo salían de su boca unas palabras extrañas.

—Claro, pequeñito, si quieres podemos jugar con el cohete en la caja de arena —le dijo Marcel

Sam sonrió y gritó: "¡Arena!".

Marcel se colocó sus *jeans* y salieron hacia la caja de arena. Él ayudó a Sam a construir una pista de lanzamiento para el cohete, y juntos hicieron "despegues" casi 50 veces. Sam no se cansaba de estar en la caja de arena. La madre de Marcel los observaba desde la ventana de la cocina. Su hijo mayor estaba ayudando a su hermano pequeño a pasársela bien en la caja de arena, la cual estaba un poco mojada.

—¡Grandioso! —dijo la madre.

FIN

Historia por Dana Johnson

Academia de Superniños • Vol. 4/8.ª semana • La grandeza a la manera de Dios

OFRENDA
¿SILBAN MIENTRAS TRABAJAN?

Tiempo necesario: 10 minutos

Versículo para recibir la ofrenda: «*Trabajen con entusiasmo, como si lo hicieran para el Señor y no para la gente. Recuerden que el Señor recompensará a cada uno de nosotros por el bien que hagamos...*».

(Efesios 6:7-8, *NTV*)

Implementos: ☐ Pizarrón blanco y marcadores para pizarrón.

Instrucciones para recibir la ofrenda:

Pregunte ¿Cuántos cadetes están listos para enseñar el día de hoy?

- Quizá piensen: "Espere un minuto, ¡se supone que es usted quien debe enseñarnos!". Bueno, hay un versículo que me gustaría leerles y luego necesitaré su ayuda. Pensaremos en ideas de cómo podemos cumplir lo que se nos enseña en esa escritura.

- En Efesios 6:7—8, leemos: «*Trabajen con entusiasmo, como si lo hicieran para el Señor y no para la gente. 8 Recuerden que el Señor recompensará a cada uno de nosotros por el bien que hagamos...*».

- La Palabra de Dios nos indica que debemos trabajar con entusiasmo. Eso significa que debemos estar felices y emocionados al trabajar. También nos indica que debemos trabajar como si lo hiciéramos para el Señor. ¿Acaso eso significa que todos ustedes necesitan buscar un empleo de predicador, o quizá en un programa televisivo para que puedan enseñar la Palabra de Dios? No, creo que se refiere a otra clase de trabajo. Quizá algo que podamos hacer acá en la academia de superniños.

- Es probable que hayan visto este pizarrón. Es para escribir una lista de cosas que podemos hacer como si estuviéramos "trabajando para el Señor". Veamos cómo se ve nuestra lista cuando terminemos. (Guíe a los niños para que anoten ideas de cosas que pueden hacer. Ejemplo: Levantar la basura después del servicio, ordenar las sillas, barrer o aspirar, saludar a los niños que llegan por primera vez, etc).

- Es emocionante ver que hay muchas cosas que podemos realizar para Dios, y ni siquiera necesitan ser adultos para hacerlas. Y recuerden, Dios afirma que recompensará a cada uno de ustedes por las buenas obras que realicen. ¿Qué tipo de recompensas? Permanezcan atentos y lo descubrirán, ¡Sus recompensas son maravillosas!

- Y una manera de trabajar para el Señor en este momento es trayendo nuestros diezmos y ofrendas. ¡Seamos los dadores felices y entusiastas a quienes Dios recompensa!

Notas:

Serie: Sean siervos

BOSQUEJO DE LA LECCIÓN — LA GRANDEZA A LA MANERA DE DIOS

Versículo para memorizar: «Quien quiera ser el primero, debe tomar el último lugar y ser el sirviente de todos los demás».

(Marcos 9:35b, *NTV*)

I. LOS DISCÍPULOS DE JESÚS QUERÍAN SER EL MAYOR

a. Ellos habían presenciado muchos asombrosos y maravillosos milagros.
b. Jesús les explicó los misterios acerca de Dios. Marcos 4:10-11
c. Los discípulos se sentían muy especiales al estar cerca de Jesús.
d. En ocasiones, incluso las personas cercanas al Señor comienzan a pensar que son <u>importantes</u>.

II. DIOS DESEA QUE HAGAMOS GRANDES OBRAS

a. A Él le agrada cuando utilizamos nuestra fe. ¡Utilizar la fe es grandioso! Hebreos 11:6
b. Jesús afirmó que podríamos sanar a los enfermos. La sanidad itambién es grandiosa! Marcos 16:18
c. Los discípulos comenzaron a discutir quién de ellos era el mayor. Marcos 9:33-34

III. JESÚS EXPLICA LA VERDAD ACERCA DE LA GRANDEZA Marcos 9:35

a. El mundo afirma que alguien es grande si muchas personas le sirven.
b. Jesús indica que una persona verdaderamente grande, es aquella que les sirve a los demás.
c. Para ser un niño grande ante de los ojos de Dios, no intenten que las personas les sirvan. En lugar de ello, traten de ver a cuántas ustedes pueden servirles. ¡Eso fue lo que hizo Jesús!

Una palabra del comandante Dana: Si nosotros, como líderes, logramos comprender esta verdad, La grandeza vendrá a nuestra vida con la misma certeza que el sol sale cada mañana. Pastores y líderes, ¿puedo hacerles un par de preguntas? ¿Están sirviéndoles a los niños que llegan a ustedes cada semana? ¿Se sienten importantes cuando la gente está siempre al pendiente de ustedes o les pide su opinión? Pero he aquí lo que en realidad cuenta: Si ustedes como líderes sirven a los niños y a sus compañeros, serán grandes ante de los ojos de Dios. No importa si la gente les aplaude o les da el crédito a su ministerio. Lo que cuenta es lo que Jesús afirmó en Marcos 9. Sirvan y serán grandes. Si intentan ser importantes sólo serán fanfarrones. Permitamos que Dios nos haga grandes a SU manera.

Notas:

Academia de Superniños • Vol. 4/8.ª semana • La grandeza a la manera de Dios

LECCIÓN PRÁCTICA — SIERVOS SECRETOS

Tiempo necesario: 10 minutos

Versículo para memorizar: «Quien quiera ser el primero, debe tomar el último lugar y ser el sirviente de todos los demás».

(Marcos 9:35b, *NTV*)

Implementos: ■ Hojas de trabajo, nombrando los días de la semana para que los cadetes escriban las acciones que realizan para servir.

Instrucciones de la lección:

 **¿Cuántos de ustedes han pensado que sería genial ser un agente secreto?**

- Bueno, adivinen algo, la próxima semana tendrán la oportunidad de ver qué tan buenos son isiendo misteriosos! Quizá se estén preguntando a qué me estoy refiriendo. Permítanme explicarles…

 **¿Recuerdan la conversación que Jesús tuvo con Sus discípulos en Marcos 9?**

- Ellos (los discípulos) habían estado hablado entre ellos acerca de quién era el mejor discípulo, quién era el mayor. Algunas personas piensan que para ser grandes deben ser supermodelos o estrellas deportivas. Incluso en la época de Jesús, la gente quería ser popular y admirada. Pero Jesús les informó a los discípulos que su mentalidad no era la correcta; Él les explicó que para ser grandes, primero debían ser siervos.

- Ahora, volvamos a lo del agente secreto… les tengo a todos ustedes una asignación especial. Durante la siguiente semana, deberán escoger a una persona, a quien le harán algo especial a diario. Incluso les daré algunas ideas para que comiencen: Podríamos enviarles una nota de ánimo, darles un pequeño regalo o buscar una escritura, escríbirla y colocarla donde pueda encontrarla. Necesitarán ser creativos y pensar cosas divertidas para realizarlas todos los días.

- Ahora, aquí está el truco: ¡DEBEN MANTENER SU IDENTIDAD EN SECRETO! (Dígales a los cadetes que deben contarle a sus padres acerca de su "tarea secreta").

- Les entregaré papeles especiales para que anoten lo que hacen todos los días. Asegúrense de traer su lista de "servicios secretos" la siguiente semana.

- Jesús afirmó: "Quien quiera ser el primero, debe tomar el último lugar y ser el sirviente de todos los demás". ¿Acaso intentó Él llamar la atención sobre Sí mismo o se aseguró de que todos se dieran cuenta de las buenas obras que Él estaba haciendo? No, claro que no. Incluso podría decirse que Él era un agente secreto que hacía el bien.

¿Qué opinan, cadetes, están listos para este reto, están listos para ser discretos y convertirse en un siervo secreto de Dios?

Notas: _____
_____
_____
_____

Serie: Sean siervos

LECCIÓN 9: SÍRVANLE A SU PRÓJIMO

 BIENVENIDA Y ORACIÓN

 VERSÍCULO PARA MEMORIZAR

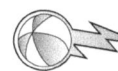 TIEMPO PARA JUGAR

 SUPLEMENTO 1: CASO REAL

 OFRENDA

 ALABANZA Y ADORACIÓN

 BOSQUEJO DE LA LECCIÓN

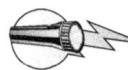 SUPLEMENTO 2: COCINA DE LA ACADEMIA

 ORACIÓN, ANUNCIOS Y MATERIAL DE APOYO

 **Versículo para memorizar:** «Honra a tu padre y a tu madre; ama a tu prójimo como a ti mismo».

(Mateo 19:19, *NTV*)

Serie: Sean siervos

Academia de Superniños • Vol. 4/9.ª semana • Sírvanle a su prójimo

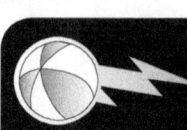

TIEMPO PARA JUGAR — UN AMIGO DIVERTIDO

Tiempo necesario: 5-10 minutos

Versículo para memorizar: «*Honra a tu padre y a tu madre; ama a tu prójimo como a ti mismo*».

(Mateo 19:19, *NTV*)

Consejo para el maestro: Por seguridad, si usted decide permitirles probar o tocar los alimentos, es importante preguntarles a los niños si son alérgicos a algún alimento.

Consejo para involucrar a los adolescentes: Involucrar a los adolescentes como auxiliares es una gran forma de desarrollar la confianza en sí mismos, y un adolescente ameno y activo mantendrá a los niños involucrados y atentos.

Implementos: ☐ 2-4 cucharas plásticas, ☐ 2-4 redes pequeñas para peceras, ☐ 2 tazones, ☐ 1 caja de cereal Froot Loops®, ☐ 2 sillas, ☐ 1 mesa pequeña (para colocar los objetos del juego), ☐ música alegre de fondo.

Antes del juego:

- Coloque la mesa y ponga todos los implementos sobre ésta. Sirva cereal en cada tazón. Coloque una silla a la par de la otra, de modo que queden respaldo con respaldo y frente al público.

Instrucciones del juego:

- Repita: "Hoy vamos aprender acerca de servir a nuestro prójimo. Quizá piensen que suena aburrido, pero esperen hasta ver la forma en que ¡lo vamos a practicar! Lo lograremos sirviéndole un poco de este ¡delicioso cereal Froot Loops® a nuestro prójimo!"

Pregunte AHORA, ¿habrá alguien que quiera servirle a su prójimo?

- Escoja a cuatro superniños, niños contra niñas puede ser muy divertido. Divida a los jugadores en dos equipos de dos jugadores. Pídale a un jugador por equipo que se coloque en la silla de rodillas, mientras sostiene un tazón con Froot Loops®.
- Tendrán que tener una cuchara plástica en la boca. Pídale al otro jugador que se siente con las piernas cruzadas enfrente de la silla, sujetando la red con los dientes. Y dígale que coloque sus manos en sus rodillas o detrás de la espalda.
- Al encender la música los jugadores con Froot Loops® deben lanzarlos con la cuchara y llenar la red con la mayor cantidad posible antes de que se detenga la música. ¡Sin utilizar las manos! Por supuesto, los superniños pueden comerse al final los Froot Loops® que haya en ¡los tazones y en las redes!
- Nota de seguridad: Por higiene, asegúrese de utilizar cucharas y redes nuevas en cada actividad.

Objetivo del juego:

Practicar cómo servirle a su prójimo, y descubrir que puede ser ¡muy divertido!

Aplicación:

Muchas personas creen que servirles a los demás no es divertido; sin embargo, hemos demostrado que es mentira; y en especial, cuando se trata de servir ¡cereal de frutas!

Notas: _____

Serie: Sean siervos

CASO REAL: MADRE TERESA

Concepto: Destacar un histórico e interesante lugar, personaje o evento que ejemplifique la lección del día. El tema de hoy es: Sírvanle a su prójimo.

Medios de comunicación: Si posee la capacidad técnica, muestre fotografías de la Madre Teresa ministrando a los pobres y enfermos. (Si no tiene esa disponibilidad, puede imprimir algunas fotografías de la Internet para mostrárselas a los niños).

 Consejo para el maestro: Utilizar un disfraz atrae la atención del superniño. Es de gran ayuda usar imágenes cuando les enseña.

 **Consejo para involucrar a los adolescentes:** Si cuenta con un adolescente voluntario con el talento para actuar en dramas, ésta es una gran oportunidad de exponer su talento.

Disfraces/Implementos: (Esto ayuda para darle más interés a la presentación), ☐ pañuelo blanco, ☐ túnica blanca con cinturón, ☐ 2 ollas de peltre.

INTRODUCCIÓN:

- Hoy,s estamos hablando de cómo servirle a nuestro prójimo. Los verdaderos siervos ayudan a los heridos y a los desamparados. Nadie ha servido más y de mejor manera que Jesús; sin embargo, Él tuvo la ayuda de Sus siervos que también fueron héroes.

- Una sierva en particular se hizo famosa por ayudar a los heridos y a los desamparados. Esta dama pasó toda su vida ayudando a personas que nadie más quería ayudar, al igual que el buen samaritano en la Biblia. Ella no era poderosa ni rica, pero tenía un carácter firme y amor. Primero, causó un impactó en India, y luego comenzó misiones de rescate para ayudar a los pobres, a los enfermos y a los moribundos de todo el mundo.

- Construyó hogares para niños huérfanos, y ellos la llamaban "Madre". ¿Sabe algún superniño quién es esa misteriosa heroína?

LECCIÓN:

Acerca de Agnes Bojaxhiu:

- Las personas llamaban a esta asombrosa sierva: "Madre Teresa". Pero antes de llamarla así, era una niña como ustedes. Su nombre era Agnes Bojaxhiu (Bo-ya-Ju). Intenten decir el apellido muchas veces. Agnes nació en 1910 en Macedonia. ¿Algún genio de la geografía sabe dónde queda Macedonia? Macedonia es un pequeño país al norte de Grecia.

- El padre de Agnes murió cuando ella tenía apenas 8 años, entonces no tenía mucho dinero y su madre tenía que trabajar duro para mantenerlos. A pesar de la escasez económinca, había abundancia de amor y fe en el hogar de los Bojaxhiu. Su hogar era un gran lugar para aprender. Una de las actividades favoritas de Agnes era leer historias acerca de los misioneros que pasaron su vida sirviéndoles a los demás. Cuando tenía 12 años, Agnes estaba convencida que también deseaba pasar su vida sirviéndole a Dios y a otras personas.

Viaje… ¡a India!

- Cuando Agnes tenía 18 años, quería viajar. Pero éste no era un viaje ordinario a la playa, sino a la India… ¡por sus propios medios! ¿Se imaginan que sus padres los dejen ir a la India por su cuenta? Durante años, Agnes había soñado con servirles a los demás; ahora, finalmente estaba cumpliendo su sueño.

- Sin amigos, ni familia; sólo ella y su compañero, Jesús.

- Durante los siguientes 15 años, trabajó como maestra en una escuela de niñas en Calcuta, India. A eso le llamo yo ¡un largo viaje! Al final, se convirtió en la directora de la escuela y amaba a sus alumnas. A pesar de que amaba a las niñas, Dios tenía otros GRANDES planes para Agnes.

Viaje... Parte dos

- Por alguna razón, parecía que grandes acontecimientos ocurrían en sus viajes misioneros. Para ese entonces, se había convertido en monja y había cambiado su nombre a "Teresa", en honor a otra sierva que había hecho grandes cosas para Dios. Esta vez, Teresa viajó para recuperar su salud. Ya que después de todo su arduo trabajo, se había enfermado y necesitaba tiempo para mejorarse. Ella desconocía que su viaje para recuperar su salud, se convertiría en un ¡viaje muy "ocupado".
- En su viaje en tren, el Señor le habló y le dijo que tenía un GRAN llamado para cuidar a los enfermos, moribundos, hambrientos y desamparados. Él quería que ella fuera Su amor en acción para los más pobres. El mayor llamado de todos: servir.
- Fue entonces cuando Teresa tomó la desición de dejar su trabajo de maestra, y valientemente tenderle la mano a los marginados y que nadie quiere.

Misioneros de caridad

- Tan pronto como Teresa se sintió mejor, regresó para fundar el ministerio: Misioneros de caridad. Para ser una sierva muy bien entrenada, primero completó un curso de misiones médicas, a fin de cuidar a los enfermos y moribundos.
- Pero el inicio de su ministerio no fue fácil. Pasó tiempo en los barrios marginados (los lugares más pobres del pueblo). La lepra era una enfermedad contagiosa en esa área. ¿Sabe alguien qué es la lepra? (Escuche las respuestas de los superniños).
- La lepra es una enfermedad que corroe la carne de las personas. Muchos pierden los dedos de las manos y de los pies, también la nariz y las orejas. Entonces, como pueden imaginarse, era muy duro ver a personas con lepra, y la mayoría de personas las rechazaba. Pero esto no detuvo a Teresa, ella sabía que Dios la había llamado a servir a los marginados y a los heridos. Los niños del área amaban su dulce espíritu y la comenzaron a llamar "Madre".
- Al principio, su ministerio sólo tenía dos personas. Se necesitaba dinero para comenzar una misión. La Madre Teresa gastó todo lo que tenía en los demás, a tal punto que debía mendigar para obtener comida. Incluso vendió su automóvil para establecer un hogar para los leprosos. Sabía que ser una sierva era mejor que tener mucho dinero.
- Además, con un Dios que promete que los siervos serán los más GRANDES de todos ¿por qué se preocuparía por dinero? ¡De seguro, Él se haría cargo de sus asuntos! Después de un año difícil, su gran corazón de sierva no sólo llamó la atención de Dios, sino también la del gobierno de India y de su iglesia. Fue ahí cuando las cosas realmente mejoraron para la Madre Teresa.

Corazón puro

- El gobierno de India apreciaba mucho que la Madre Teresa se hiciera cargo de los marginados y que nadie quería; entonces le donaron un templo hindú abandonado para que lo usara como su primera casa de misión, al cual llamo: Corazón puro. Y eso era lo que la Madre Teresa tenía: ¡un corazón puro! Con el tiempo, Dios se aseguró de darle a la Madre Teresa todas las herramientas que necesitaba para mostrar en cada continente de Su amor.

HACIENDO HISTORIA:

- Por todo el mundo, las personas todavía conocen a Madre Teresa como una de las más grandes siervas de todos los tiempos. Al morir, en 1997, tenía cerca de 4,000 misioneros, 100,000 voluntarios y 610 casas de misiones en ¡123 países! También ganó varios premios gracias a su asombroso corazón de servicio; como el Premio Nobel de la paz. Pero nada de esto le importaba mucho a la Madre Teresa. Ella sólo decía: "Soy un pequeño lápiz en la mano del escritor, Dios, quien está enviando una carta de amor al mundo".

Conclusiones:

- Una de las maneras más fáciles de conocer un verdadero servidor es buscar a alguien que sirve a los demás porque le gusta, no porque desee ser reconocido y que le entreguen premios. La esperanza de Madre Teresa era que las personas pensaran menos en ella y más en Jesús. Y definitivamente, lo cumplió al alcanzar a los heridos, a los marginados y los que nadie quería. Por esa razón, la Madre Teresa es nuestro caso real de hoy.

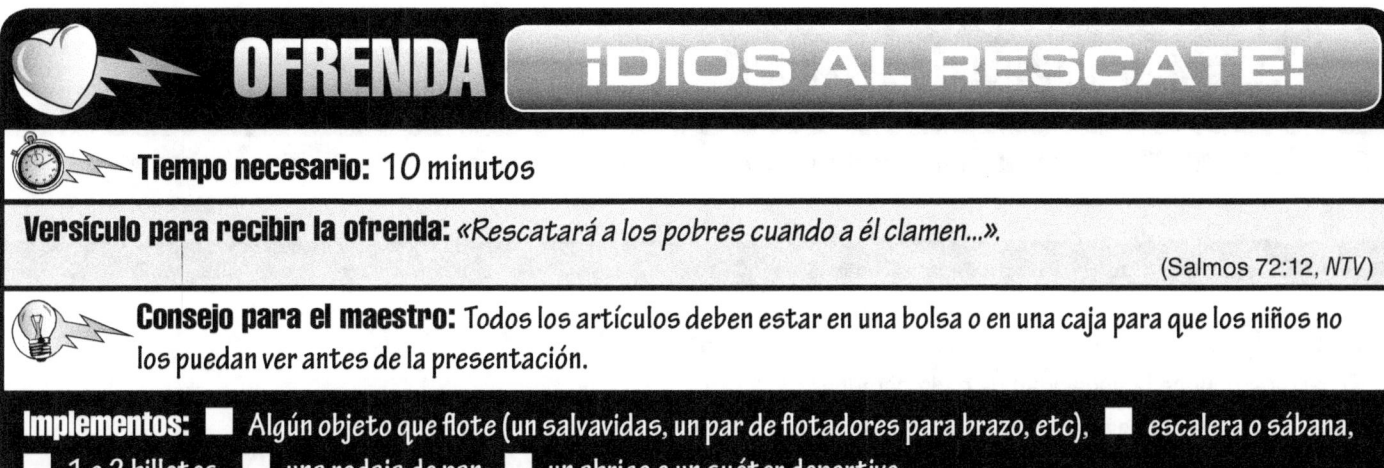

OFRENDA — ¡DIOS AL RESCATE!

Tiempo necesario: 10 minutos

Versículo para recibir la ofrenda: «Rescatará a los pobres cuando a él clamen...».

(Salmos 72:12, NTV)

Consejo para el maestro: Todos los artículos deben estar en una bolsa o en una caja para que los niños no los puedan ver antes de la presentación.

Implementos: ☐ Algún objeto que flote (un salvavidas, un par de flotadores para brazo, etc), ☐ escalera o sábana, ☐ 1 o 2 billetes, ☐ una rodaja de pan, ☐ un abrigo o un suéter deportivo.

Instrucciones para recibir la ofrenda:

Pregunte ¿Cuántos de ustedes saben qué es un héroe? (Escuche las respuestas de los niños).

- Tengo unas cosas conmigo que ciertos héroes utilizan, y quizá puedan ayudarme a descubrir quiénes son.
- (Puede utilizar una o dos formas para darles indicaciones a los niños. Si desea hacer la versión cómica, utilice los flotadores de brazo para el salvavidas y la sábana para el bombero. O puede usar un salvavidas y una escalera).
- En mis manos, tengo algo que quizá conozcan, ¡un par de flotadores!

Pregunte ¿Qué héroe las usaría? (Es probable que no consiga la respuesta correcta).

- Un salvavidas. Bueno, quizá un salvavidas necesite algo más grande que unos flotadores si está intentando salvar a alguien de ahogarse.
- Continuemos con nuestro siguiente héroe; tengo esta gran sábana.

Pregunte ¿Qué héroe necesitaría una gran sábana? (Escuche algunas opiniones)

- Un bombero. ¿Han visto esas películas donde las personas saltan desde su ventana hacia una sábana mientras los bomberos la sostienen de las orillas? Bueno, en realidad no es una sábana, pero se ve como una.
- Niños y niñas, sólo estaba bromeando con ustedes; sin embargo, déjenme explicarles qué tienen en común estos dos héroes: son rescatistas. Ellos llegan al rescate de personas que están en serios problemas y que necesitan la ayuda de alguien que sepa qué hacer. ¿Sabían que hay un versículo que habla acerca de un rescatista? Sí, es Salmos 72:12: Dios rescatará al pobre. ¡Cielos! En este versículo se afirma que Dios rescata al pobre y que —pongan atención a esta parte— Él no espera hasta que tengan hambre y o necesidad de ropa. En éste se afirma que Él los rescata cuando claman a Él.

Pregunte Tengo un par de cosas más que mostrarles, pero primero quiero saber si alguien puede decirme ¿que cosas debe tener un "rescatista de pobres"?

- (Escuche algunas respuestas de los niños. Quizá deba ayudarlos para que comiencen a decirlas, pero será mejor si pueden hacerlo por sí solos).
- Mediten en esto, un rescatista de pobres quizá necesite algo de dinero (muéstreles los billetes) o comida (muéstreles el pan) o quizá ropa (muéstreles el abrigo o el suéter deportivo).

Pregunte Superniños, ¿cómo piensan que Dios rescata al pobre? ¿Cómo les da estas cosas a las personas que lo necesitan?

- Pues bien, utilizando a personas como nosotros, quienes escucharán Su voz y harán lo que Él les pida. También podemos rescatar a los demás al traer nuestras ofrendas ¡a la iglesia! Muchas veces, el dinero que damos ayuda a comprar cosas para personas que tiene hambre, que necesitan ropa o que necesitan un lugar para vivir. ¿Hay algunos "rescatistas de Dios" aquí hoy? Comencemos con nuestra primera misión de rescate trayéndole nuestras ofrendas al Señor.

Academia de Superniños • Vol. 4/9.ª semana • Sírvanle a su prójimo

BOSQUEJO DE LA LECCIÓN — SIRVIÉNDOLE A SU PRÓJIMO

Versículo para memorizar: «Honra a tu padre y a tu madre; ama a tu prójimo como a ti mismo».

(Mateo 19:19, *NTV*)

I. LA PALABRA DE DIOS NOS ORDENA AMAR A NUESTRO PRÓJIMO
a. Dios conoce la necesidad de cada persona.
b. Incluso las cosas pequeñas son importantes para Dios. Mateo 10:42
c. ¡Nuestro Padre cuenta con nosotros para que seamos siervos!

II. UN HOMBRE DECIDIÓ VIAJAR A JERICÓ Lucas 10:30-35
a. Lo atacaron despiadados ladrones y lo dejaron moribundo.
b. Un sacerdote lo vio tirado y pasó de largo.
c. Un levita se acercó y también pasó de largo.
d. Un samaritano se detuvo y le salvó la vida.

III. LO QUE HACE UN VERDADERO PRÓJIMO
a. El buen prójimo se preocupa por quienes están en problemas.
b. El verdadero prójimo ayudará a alguien que está herido.
c. ¡Un excelente prójimo nunca dejará a alguien solo!
d. No importa si conocemos o no a nuestro prójimo, lo importante es preguntarnos: "¿Necesitan ellos mi ayuda?".

Una palabra del comandante Dana: Un domingo por la mañana, en la academia de superniños, anuncié que comenzaríamos a formar un equipo de bienvenida. Este equipo tendría un espacio específico para conocer a los invitados que llegan por primera vez, y que ellos tendrían sus propias golosinas, juegos, etc. De inmediato, todos los niños ¡estaban prestando atención! Les expliqué que necesitaría líderes, y que antes de seleccionar a los miembros de ese equipo los observaría durante un mes todos los domingos; a fin de saber quiénes eran amigables y amables. No imaginaba lo que ocurriría con esta idea. Durante el siguiente mes, los niños demostraron ¡demasiada amabilidad! Fue casi cómico ver que cuando los visitantes atravesaban la puerta: Los niños los rodeaban ofreciéndoles ayuda para inscribirse. Luego los presentaban a sus amigos, y los conducían hacia los asientos reservados (los más codiciados) al frente de la fila. El espíritu de servicio al prójimo ¡había nacido!

Notas:

Serie: Sean siervos

LA COCINA DE LA ACADEMIA — LA CENA ESTÁ SERVIDA

Tiempo necesario: 10 minutos

Versículo clave: «Y si le dan siquiera un vaso de agua fresca a uno de mis seguidores más insignificantes, les aseguro que recibirán una recompensa».

(Mateo 10:42, *NTV*)

Consejo para el maestro: Esta lección será una aplicación práctica para aprender a servirles a los demás. Les enseñará a los niños cómo poner la mesa, cómo sentarse y cómo comportarse a la hora de la comida; todo esto bendecirá a sus familiares. ☺

Implementos: ☐ Una mesa pequeña, ☐ 2 sillas, ☐ servicio de mesa para dos (platos, cubertería, servilletas, vasos) ☐ galletas y leche para dos personas (o más si desea incluir más niños).

Instrucciones de la lección:

- Cadetes, ya que hoy estamos aprendiendo a cómo ser siervos, pensé que sería divertido ver si alguno de ustedes sabe hacer lo que los siervos acostumbraban a realizar para sus amos, en los tiempos antiguos. La primera prueba será poner la mesa (Coloque las cosas del servicio de mesa apiladas en el centro).

Pregunte: ¿Les gustaría a un par de superniños mostrarnos cómo poner la mesa?

- (Escoja dos cadetes para que coloquen los platos, la cubertería, las servilletas y los vasos de manera correcta. Pídales que lo hagan sin darla la espalda a la audiencia para que puedan ver lo que están haciendo. Hagamos un repaso: cuchillo y cuchara van al lado derecho del plato, el cuchillo al lado del plato y la cuchara al lado del cuchillo; sobre la servilleta cuidadosamente doblada; el vaso del lado derecho del plato cerca de la punta del cuchillo).

- Veamos cómo lo hicieron mis ayudantes. (Realice las correcciones necesarias, asegurándose de enfocarse en lo que hicieron bien).

- Ahora que tenemos puesta la mesa, coloquemos la entrada y realizaremos otra prueba! (Coloque las galletas en el plato y leche en el vaso).

- Necesitaré a un niño y a una niña para el siguiente paso. (Invite a sus voluntarios a la mesa para que se sirvan la entrada. De seguro, ellos sólo se sentarán y comenzarán a comer. Ésta es su oportunidad para enseñarles algunas cosas sobre etiqueta a la hora de comer. Dígale al niño que acomode la silla para que la niña se siente. Recuérdeles colocar la servilleta sobre sus piernas y, por supuesto, ¡no se olviden de orar!).

- Creo que mis ayudantes lo hicieron bastante bien, ¿verdad?

- ¿Sabían que Jesús habló mucho acerca de ser siervos? ¿Por qué creen que esto es tan importante para el Señor? Porque Él sabe que cuando hacemos algo por los demás, y los ponemos antes que a nosotros, estamos actuando como Dios. Medite lo siguiente: cuando colocan la mesa y cuidan sus modales a la hora de comer, están siendo de bendición para su familia. Están actuando como el siervo que primero piensa cómo puede ayudar a quienes lo rodean. Y eso ¡es importante para Dios!

Notas: _____

Serie: Sean siervos

Notas:

LECCIÓN 10: EL SERVICIO INICIA EN CASA

 BIENVENIDA Y ORACIÓN

 VERSÍCULO PARA MEMORIZAR

 TIEMPO PARA JUGAR

 SUPLEMENTO 1: DRAMA

 OFRENDA

 ALABANZA Y ADORACIÓN

 BOSQUEJO DE LA LECCIÓN

 SUPLEMENTO 2: LA COCINA DE LA ACADEMIA

 ORACIÓN, ANUNCIOS Y MATERIAL DE APOYO

 **Versículo para memorizar:** «Pues ni aun el Hijo del Hombre vino para que le sirvan, sino para servir a otros y para dar su vida en rescate por muchos».
(Mateo 20:28, *NTV*)

Serie: Sean siervos

Academia de Superniños • Vol. 4/10.ª semana • El servicio inicia en casa

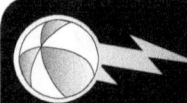

TIEMPO PARA JUGAR — ESTÁ SERVIDO

 **Tiempo necesario:** 10-15 minutos

 **Versículo para memorizar:** «*Pues ni aun el Hijo del Hombre vino para que le sirvan, sino para servir a otros y para dar su vida en rescate por muchos*».

(Mateo 20:28; *NTV*)

 Consejo para involucrar a los adolescentes: Involucrar a los adolescentes como auxiliares es una gran forma de desarrollar la confianza en sí mismos, y un adolescente ameno y activo mantendrá a los niños involucrados y atentos.

Implementos: ☐ 2 cucharas medianas, ☐ 1 bolsa de malvaviscos pequeños, ☐ 2 vasos plásticos, ☐ 1 mesa.

Antes del juego:
- Divida los malvaviscos en dos partes y coloque una parte en cada extremo de la mesa, luego ponga una cuchara y un vaso en cada extremo.

Instrucciones del juego:
- Enséñeles el versículo para memorizar a los superniños. Para jugar, escoja a los cadetes que digan de forma correcta el versículo. Este juego necesita dos equipos de dos cada uno.
- Un niño "sirve" los malvaviscos, mientras que el otro intenta atraparlos con su vaso.
- Cuando dé la señal de inicio, los "servidores" colocarán un malvavisco en el mango de la cuchara, la cual se encuentra en el extremo de la mesa.

Nota: Antes de "servir", deben decir en voz alta ¡el versículo para memorizar!

- Deben presionar la cuchara, lanzando malvavisco al aire. El otro niño debe intentar atraparlos con el vaso.
- Éste es un juego que crea gran expectativa, y usted puede pedirles a algunos cadetes de confianza que limpien el lugar.

Objetivo del juego:

El equipo que mejor lo haga, ¡ganará este divertido juego!

Notas:

DRAMA

LA ZONA DE TESTIMONIOS: "LIMPIAR LA CASA, HACE GRANDES DIFERENCIAS"

Concepto: Una adaptación del programa televisivo: *"La dimensión desconocida"*, en la cual se enfatizan las dos maneras en que los niños manejan las situaciones diarias: Primero, a su manera; luego, a la manera de Dios. Dirigida por un narrador, quien se encuentra al lado del escenario.

Música: El tema musical de: *"La dimensión desconocida"* (para utilizarlo de fondo mientras el narrador habla, con facilidad lo encontrará en la Internet).

Descripción de los personajes:

Narrador: Un presentador muy serio
    Opción: Si no posee a un miembro del equipo que pueda desempeñar ese papel, podrá hacerlo con una voz fuera del escenario o con una narración pre-grabada.
Madre: Un madre no cristiana
Skyler: niño (a) cristiano (a)

Disfraces:

Narrador: Chaqueta oscura, camisa formal blanca, corbata oscura y lentes de sol
Madre: Ropa de uso diario
Skyler: Ropa de uso diario

Implementos: ☐ 1 mesa, ☐ 2 sillas, ☐ Pop-Tarts®, ☐ 1 tazón con bananos y manzanas, ☐ 1 una taza de café.

Notas:

(Comienza con el narrador a un costado del escenario).
(**MÚSICA** del programa *"La dimensión desconocida"*)

NARRADOR:
Están a punto de entrar a una zona como ninguna, donde la vida cotidiana es todo, menos normal; y donde las conversaciones de todos los días pasan en un instante, de algo ordinario a algo impactante. Es el lugar donde se toman las decisiones eternas. Donde la fe conoce el temor, y donde el valor conoce la duda. Una zona donde los superniños se convierten en hacedores de historia o bien salir huyendo. Ajusten sus cinturones y prepárense para el viaje que están a punto de comenzar en... "La zona de testimonio".

(LA **MÚSICA** del programa *"La dimensión desconocida"*)
(El narrador se queda inmóvil y a un costado del escenario)
(Skyler se encuentra sentado en la mesa con un tazón de fruta en el centro, pero comiéndose un Pop-Tart® y leyendo la caja cuando su mamá entra, y ella se sienta con una taza de café).

MADRE:
Buenos días, Skyler. Pensé que ya te había dicho que debías comer algo saludable para el desayuno.

SKYLER:
Eso estoy haciendo. Mira estos Pop-Tarts® están hechos con sabor de frutas naturales. ¿Te das cuenta?

(Skyler levanta la caja)

MADRE:
Sí, claro, ¿SABOR a frutas naturales? Bien, antes de que termines tu desayuno SABOR a frutas, quiero que comas un pedazo de fruta real.

SKYLER:
De acuerdo.

MADRE:
Y quiero que vayas a hacer tu cama.

SKYLER:
Pero tú eres la mamá ¿no se supone que tú deberías hacerlo?
La mamá de Tim todavía le hace su cama. Y también limpia su habitación.

MADRE:
Bueno, yo no soy la mamá de Tim, y tú no eres Tim. Soy tu madre.
Y si continúas discutiendo al respecto, también harás mi cama.

SKYLER:
¡Cielos! Odio hacer la cama. Es la tarea de la casa que menos me gusta hacer.

MADRE:
Pero dijiste que la tarea que menos te gustaba hacer era sacar la basura.

SKYLER:
Ésa, también.

MADRE:
Y poner la mesa, y lavar los platos…

SKYLER:
Sí. Las tareas de la casa son aburridas.

MADRE:
Bueno, sean aburridas o no, así es la vida. No puedo trabajar, hacer la comida y limpiar la casa. Así que ve hacer tu cama.

SKYLER:
De acuerdo, lo haré.

NARRADOR:
Lo que acaban de presenciar es la vida de un joven perezoso que no se da cuenta de que adoptar una actitud de servicio podría tener un gran impacto en su madre, quien aún no es salva. Cuando Skyler se queja de ayudar en la casa, "La zona de testimonio" cierra su puerta. Pero ahora veamos qué sucede cuando adopta una actitud de servicio.

(Skyler se encuentra sentado en la mesa con un tazón de fruta en el centro, pero comiéndose un Pop-Tart® y leyendo la caja cuando su mamá entra, y ella se sienta con una taza de café).

MADRE:
Buenos días, Skyler. Pensé que ya te había dicho que debías comer algo saludable para el desayuno.

SKYLER:
Eso estoy haciendo. Mira estos Pop-Tarts® están hechos con sabor de frutas naturales. ¿Te das cuenta?

(Skyler levanta la caja)

MADRE:
Sí, claro, ¿SABOR a frutas naturales? Bien, antes de que termines tu desayuno SABOR a frutas, quiero que comas un pedazo de fruta real.

SKYLER:
Muy bien, mamá.

MAMÁ:
Skyler, necesito preguntarte algo. ¿Por qué has estado limpiando mi habitación? Y también noté que limpiaste los baños y el piso de la cocina.

SKYLER:
Bueno, es parte de mi plan: "Ser fiel en lo poco para que el Señor pueda confiarme cosas grandes".

MADRE:
¿Qué es eso?

SKYLER:
Lo aprendí en la academia de superniños. En la Biblia se afirma que si queremos ser grandes, debemos comenzar con algo pequeño. Eso significa ayudar a los demás, en lugar de esperar ser servidos. ¡Y el mejor lugar para comenzar es con la familia!

MADRE:
Interesante. ¿En la Biblia encontramos eso?

SKYLER:
Sí, madre.

(Se enciende la **MÚSICA de** *"La dimensión desconocida"*).

(Skyler y su mamá se quedan quietos).

NARRADOR:
Ahí lo tienen. Otra puerta abierta, otra victoria. Surgió un reto y se venció. Cuando Skyler dio la milla extra para ayudar a su mamá en casa, en lugar de quejarse, ella no pudo hacer más que quedar impresionada. El corazón de Skyler abrió la puerta para que él pudiera hablarle a su mamá acerca de Jesús. Y dos semanas después, él la guió para que realizara la oración de salvación. ¿Quién hubiera pensado que limpiar la casa ganaría el alma de su madre para Jesús?

Es una zona que desafía a todos los superniños a que se pregunten: "¿Qué haré la próxima vez que entre a …'La zona de testimonios'?". (El volumen de **LA MÚSICA de** *"La dimensión desconocida"* comienza a atenuarse).

(Salen todos los personajes).

Academia de Superniños • Vol. 4/10.ª semana • La ayuda se enseña en casa

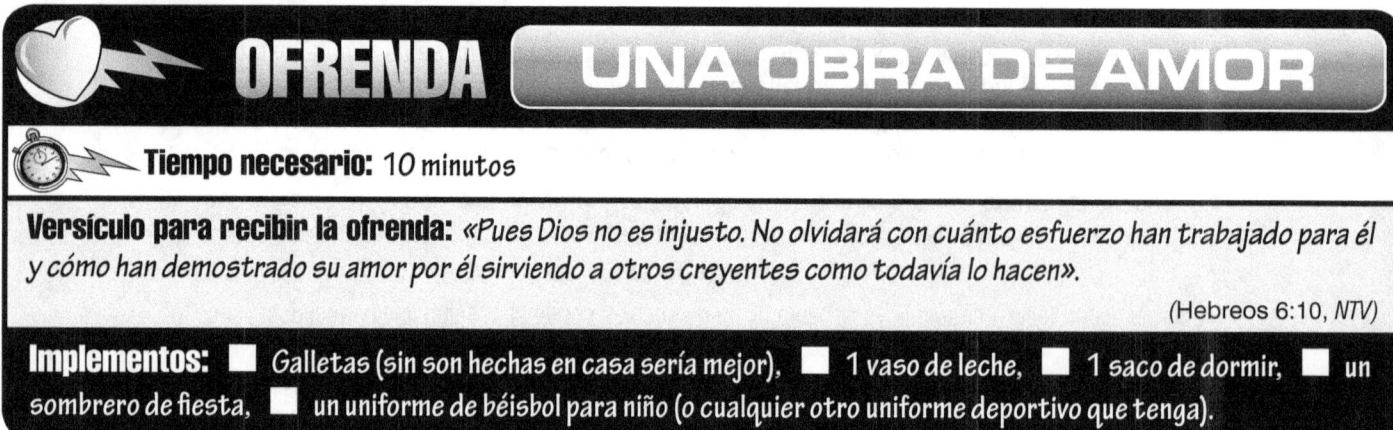

OFRENDA — UNA OBRA DE AMOR

Tiempo necesario: 10 minutos

Versículo para recibir la ofrenda: «*Pues Dios no es injusto. No olvidará con cuánto esfuerzo han trabajado para él y cómo han demostrado su amor por él sirviendo a otros creyentes como todavía lo hacen*».

(Hebreos 6:10, *NTV*)

Implementos: ☐ Galletas (sin son hechas en casa sería mejor), ☐ 1 vaso de leche, ☐ 1 saco de dormir, ☐ un sombrero de fiesta, ☐ un uniforme de béisbol para niño (o cualquier otro uniforme deportivo que tenga).

Instrucciones para recibir la ofrenda:

- Tengo algunos objetos que me recuerdan diferentes eventos, y pensé que a algunos de ustedes les gustaría adivinar qué me recuerda cada uno.

Pregunte ¿Hay algún superniño que sea bueno en los juegos de adivinanzas?

- De acuerdo, la primera pista está formada de dos partes: un saco de dormir y un sombrero de fiesta.

Pregunte ¿Quién puede adivinar en qué estoy pensando? (Escuche algunas respuestas de los superniños)

- ¡Una fiesta de pijamas!
- Sigamos con la pista No. 2: un uniforme de béisbol.

Pregunte ¿En qué los hace pensar esto?

- (Escuche más opiniones)
- Sí, un juego de béisbol. La última pista es un poco más difícil que las anteriores. Tengo unas galletas hechas en casa y un vaso de leche.

Pregunte ¿Qué creen que sea esto? (Escuche algunas respuestas, es probable que no obtenga la respuesta correcta).

- Las galletas y la leche me hacen pensar en una merienda después de la escuela.
- Cadetes, todas estas cosas —una fiesta de pijamas, un juego de béisbol y una merienda después de la escuela— tienen algo en común. En todas, alguien se esforzó por hacer algo agradable, a favor de alguien que ama. Si alguna vez hicieron una fiesta de pijamas, sus padres tuvieron que esforzarse para prepararla. Es probable que hayan comprado muchos bocadillos para sus invitados, alquilado una película o que hayan planeado algunos juegos; y al final, tuvieron que levantarse temprano para preparar el desayuno ¡después de no haber dormido nada!
- Si alguna vez formaron parte de un equipo deportivo, alguien tuvo que lavar los uniformes, llevarlos a los entrenamientos y luego asistir al juego. Y quizá llegaron a la casa después de la escuela y su mamá les había preparado deliciosas galletas recién horneadas con un vaso de leche fría. ¿Saben por qué los padres hacen todo eso? ¡Porque los aman!
- Cadetes, en Hebreos 6:10, la Palabra de Dios nos habla de las personas que trabajan duro porque aman a los demás. En las escrituras, leemos: «*Pues Dios no es injusto. No olvidará con cuánto esfuerzo han trabajado para él y cómo han demostrado su amor por él sirviendo a otros creyentes como todavía lo hacen*». Cuán asombroso es saber que cuando hacemos cosas que por amor para bendecir a otras personas, Dios lo nota y promete no olvidar nuestro arduo trabajo.
- ¿Por qué no permitimos que nuestro asombroso Dios sepa que, así como Él recuerda las cosas buenas que hacemos, <u>nosotros recordamos</u> todas las cosas maravillosas que Él ha hecho por nosotros al traerle una ofrenda el día de hoy?

Serie: Sean siervos

BOSQUEJO DE LA LECCIÓN — EL SERVICIO INICIA EN CASA

Versículo para memorizar: «*Pues ni aun el Hijo del Hombre vino para que le sirvan, sino para servir a otros y para dar su vida en rescate por muchos*».

(Mateo 20:28, *NTV*)

I. JESÚS FUE EL SIERVO POR EXCELENCIA Filipenses 2:7
a. Jesús sirvió a Su padre al trabajar junto a Él. Mateo 13:55
b. Él les sirvió a Sus padres, ¡incluso icuando estaba ocupado en Su servicio a Dios! Lucas 2:42-51
c. Incluso de adulto, Jesús sabía cómo servirle a Su familia. Juan 2:3-8

II. SER FIEL EN LO POCO PARA QUE DIOS PUEDA CONFIARNOS COSAS GRANDES Mateo 20:26
a. Un niño llamado David sabía servir. 1 Samuel 16:11
b. David también sirvió como músico y mensajero. 1 Samuel 16:18-19, 17:18-19
c. David, "el siervo" se convirtió en David "el rey", ¡el más famoso de Israel!

III. SERVIR CONLLEVA MAYORES RECOMPENSAS QUE SER SERVIDO Marcos 9:35
a. Hay personas que prefieren ser servidos por los demás.
b. En el reino de Dios, ¡esto funciona de la manera opuesta! Gálatas 6:7
c. Amar y servirle a nuestra familia nos prepara para servirle y para amar a Dios. 1 Juan 4:20

Una palabra del comandante Dana: Ésta es una de mis lecciones favoritas para enseñarles a los niños. Si podemos explicar lo grandioso (y recompensante) que es servir, podremos crea un fundamento que permanecerá con nuestros niños el resto de su vida. Pues de esa manera podemos crear un fundamento sólido. Algo que me gusta hacer es describir los beneficios de servir a alguien y disfrutar ver cómo son bendecidos. Un buen ejemplo de ello es cuando en Navidad alguien abre un regalo que le hemos dado. ¡Es de mucha más bendición dar que recibir! Eviten hablar acerca de servir como si fuera una obligación. Jesús no servía con la expectativa de un día no volver a hacerlo. Al contrario, ¡Él vive para interceder por nosotros! Sugiero que le den a los superniños un "reto de servicio" para la próxima semana. Y luego pídales a dos o tres niños que compartan su testimonio de cómo se sintieron al ver el fruto de su servicio. Servirle a otros puede convertirse en una de las actividades más divertidas. ¡La perspectiva de Jesús es la mejor que podemos tener!

Notas:

Academia de Superniños • Vol. 4/10.ª semana • La ayuda se enseña en casa

LA COCINA DE LA ACADEMIA — ¿ALGUIEN QUIERE AVENA?

Tiempo necesario: 10 minutos

Versículo para memorizar: «Pues ni aun el Hijo del Hombre vino para que le sirvan, sino para servir a otros y para dar su vida en rescate por muchos». (Mateo 20:28, NTV)

Consejo para el maestro: Traiga los ingredientes preparados y medidos para agilizar el proceso y tenerlo listo a tiempo. Por seguridad, si usted decide permitirles probar o tocar los alimentos es importante que les pregunte a los niños si son alérgicos a algún alimento.

Implementos: ☐ Una parrilla eléctrica, ☐ 1 espátula, ☐ 1 tazón grande y 1 pequeño para mezclar, ☐ 1 cuchara grande (para mezclar) ☐ varios platos desechables y tenedores plásticos (para pruebas de sabor)

Receta de panqueque de avena y tocino:

Ingredientes: ☐ 6 tiras de tocino cocinado y crujiente, ☐ 1 1/2 taza de avena instantánea ☐ 2 tazas de leche, ☐ 1 taza de harina, ☐ 2 cucharadas de azúcar morena, ☐ 2 cucharaditas de polvo para hornear, ☐ 1 cucharadita de sal, ☐ 3 huevos batidos, ☐ 1/4 taza de mantequilla derretida a temperatura ambiente, ☐ mantequilla, ☐ miel de maple.

1. Mezcle la avena y la leche en el tazón grande, y déjala reposar hasta que la avena absorba la leche. Puede hacerlo antes de la clase y cubrirlo con plástico hasta que lo necesite. Asegúrese de decirles a los cadetes lo que hizo antes de comenzar.
2. Mezcle la harina, el azúcar morena, el polvo para hornear y la sal en el tazón pequeño.
3. Agregue los huevos y el tocino a la mezcla de avena; y luego revuelva bien todo.
4. Revuelva la mezcla de harina; agregue mantequilla y mezcle lo suficiente hasta ablandar la masa. ¡No lo mezcle mucho!
5. Caliente la mantequilla a fuego medio, hasta que al tirar gotas de agua éstas bailoteen.
6. Vierta la mezcla en un molde, cocine por 2 o 3 minutos hasta que se formen pequeñas burbujas a la orilla y éstas comiencen a reventarse.
7. Voltee el panqueque y cocine el otro lado.
8. Unte mantequilla en la parte superior y termine agregando miel de maple caliente. ¡Mmmmm!

Instrucciones de la lección:

Pregunte ¿Hay algún cadete que pueda decirme qué hemos estado aprendiendo las últimas semanas? (Escuche las respuestas)

- Sólo para recordardarles, hemos estado escuchando lo que afirma la Palabra de Dios acerca de ser siervos. Primero, nos damos cuenta que si queremos ser grandes ante de los ojos de Dios, debemos tener un corazón de servicio hacia los demás. La semana pasada aprendimos que en la Biblia se nos ordena amar a nuestro prójimo; eso significa alcanzarlos y ayudar a alguien que esté herido, en problemas o que se encuentre solo.

- Pero hoy, niños y niñas, estamos hablando acerca de una de las cosas más importantes acerca de ser siervos. Quizá sepamos que es importante servir a los demás, pero ¿no creen que sería una buena idea descubrir dónde es el mejor lugar para comenzar? Adivinen qué, ¡el mejor lugar es su hogar! Pienso que Dios desea que comencemos ahí porque en ocasiones es donde se nos hace más difícil servir. Y si aprendemos a servir a nuestros padres y a nuestros hermanos, entonces será bastante simple servir y bendecir a las demás personas que el Señor traiga a nuestra vida.

- Ahora que sabemos dónde comenzar, creo que sería divertido pensar en una idea de ¡cómo empezar! Hoy, aprenderemos cómo preparar algo delicioso para nuestra familia. Quizá puedan hacerlo en equipo junto a papá y servirle el desayuno en la cama a mamá. O, si tienen un hermano o hermana mayor, ambos pueden sorprender a la familia un sábado por la mañana con unos deliciosos panqueques.

Pregunte ¿Podemos comenzar? (Prepare los panqueques siguiendo los pasos del 1 al 8 de la receta. No olvide permitirles a algunos cadetes que prueben el producto).

- He pasado un momento agradable con ustedes cocinando esta mañana. ¿Tenían alguna idea de lo divertido que es servir? Estoy seguro que algunos de ustedes ya quieren "cocinar" ¡una bendición para su familia!

Serie: Sean siervos

LECCIÓN 11: DIOS AFIRMA QUE USTEDES SON ESCOGIDOS

 BIENVENIDA Y ORACIÓN

 VERSÍCULO PARA MEMORIZAR

 TIEMPO PARA JUGAR

 SUPLEMENTO 1: EL LABORATORIO DE LA ACADEMIA

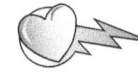 OFRENDA

 ALABANZA Y ADORACIÓN

 BOSQUEJO DE LA LECCIÓN

 SUPLEMENTO 2: CASO REAL

 ORACIÓN, ANUNCIOS Y MATERIAL DE APOYO

 **Versículo para memorizar:** «*Pues Dios conoció a los suyos de antemano y los eligió para que llegaran a ser como su Hijo, a fin de que su Hijo fuera el hijo mayor de muchos hermanos*». (Romanos 8:29, *NTV*)

Serie: Dios asegura que ustedes son...

Academia de Superniños • Vol. 4/11.ª semana • Dios afirma que ustedes son escogidos

TIEMPO PARA JUGAR — ¡USTEDES ESCOGEN!

Tiempo necesario: 10—15 minutos

Versículo para memorizar: «Pues Dios conoció a los suyos de antemano y los eligió para que llegaran a ser como su Hijo, a fin de que su Hijo fuera el hijo mayor de muchos hermanos».

(Romanos 8:29, *NTV*)

Consejo para el maestro: Mantenga todos los implementos en una bolsa antes de comenzar el juego, para que ninguno pueda saber qué son. Compre regalos pequeños para el equipo ganador y sus compañeros.

Consejo para involucrar a los adolescentes: Involucrar a los adolescentes como auxiliares es una gran forma de desarrollar la confianza en sí mismos, y un adolescente ameno y activo mantendrá a los niños involucrados y atentos.

Implementos: ☐ 1 caja o bolsa grande, ☐ 4 vendas para los ojos, ☐ 12—20 artículos diferentes, ☐ 1 mesa, ☐ 1 cronómetro.

Instrucciones del juego:

- Escoja cuatro cadetes, dos niñas y dos niños, por equipo.
- Pídales que se coloquen las vendas en los ojos, y que dos de los niños sean los "ayudantes del equipo" mientras esperan su turno.
- Cuando les diga que empiecen, la música y el cronómetro comenzarán a correr y el primer concursante debe agarrar un objeto y adivinar qué es sin verlo. Recuérdeles que sólo tienen un minuto para adivinar la mayor cantidad de objetos.
- Por cada acierto, su equipo recibe 1,000 puntos. Espere hasta que termine el tiempo antes de revelar cuántos objetos acertaron.
- Asegúrese de que la audiencia no les diga la respuesta. (Aunque los jugadores estén esperando su turno pueden escuchar, y las respuestas que les griten pueden ser las correctas).
- El equipo con la mayor cantidad de aciertos, ¡ganará!

Aplicación:

Dios, nuestro padre, no estuvo adivinando lo que podríamos ser. Él sabía con anticipación lo maravilloso que seríamos. Y no sólo eso, Él también los escogió a <u>ustedes</u>, superniños, para que fueran semejantes a Jesús. ¡Eso nos convierte en ganadores a todos!

Notas:

Serie: Dios afirma que ustedes son…

Dios afirma que ustedes son escogidos • Vol. 4/11.ª semana • Academia de Superniños

EL LABORATORIO DE LA ACADEMIA — SUMÉRJANSE

Tiempo necesario: 10 minutos

Versículo clave: «*Pues Dios conoció a los suyos de antemano y los eligió para que llegaran a ser como su Hijo, a fin de que su Hijo fuera el hijo mayor de muchos hermanos*». (Romanos 8:29, *NTV*)

Consejo para el maestro: Puede practicar los experimentos en casa. ☺

Implementos: ■ 1 tabla para picar pequeña y delgada (de plástico es mejor), ■ 1 vaso de vidrio transparente con agua, ■ caja de fósforos pequeña (sólo se utilizará la cubierta exterior), ■ 1 huevo crudo (tenga uno extra a la mano).

Experimento:

1. Coloque la tabla para picar sobre el vaso con agua.
2. Luego coloque la caja de fósforos (sin la parte de adentro) en la tabla, en el centro sobre el vaso con agua.
3. Con delicadeza, coloque el huevo sobre la caja de fósforos.
4. Ahora, la parte divertida: Debe pasar el huevo al agua sin romperlo. Para hacerlo, hale la tabla bruscamente hacia un lado y el huevo debería caer dentro del vaso.
5. Si lo hizo bien, el huevo debió haber caído en el agua y la caja de fósforos debió salir volando al otro lado. Para hacerlo más divertido, el asistente puede cuestionar si el huevo está crudo; y entonces el líder del laboratorio puede romperlo en su mano.

Instrucciones de la lección:

- Cadetes, hoy aprenderemos lo que significa ser escogido por Dios. Todos ustedes quizá han tenido alguna experiencia con ser elegido por un equipo o para alguna actividad especial. Ser escogido por Dios para hacer algo especial para Él es un gran paso que no se compara con jugar béisbol o bailar en un recital, ¿están de acuerdo?

- Hoy realizaremos un divertido experimento que me recuerda uno de los requisitos para ser escogido por Dios. Lo primero que utilizaremos es este vaso con agua. Lo colocaremos en el centro de la mesa. Llamaremos a este vaso de agua: "El plan de Dios para nosotros".

- Segundo, colocaremos una tabla de picar sobre el vaso. Llamaremos a la tabla: "Sólo somos niños". En algunas ocasiones, cuando ustedes piensan en cosas como: "Somos muy jóvenes para hacer algo por Dios", quizá eso se interponga entre usted y "el plan de Dios".

- Ahora, para el tercer paso, colocaré una caja de fósforos en el centro de nuestra tabla de picar. Llamaremos a la caja de fósforos: "Pero ¿qué podemos hacer?". Niños y niñas, si nos preocupan nuestras propias capacidades; es decir, lo que podemos y no podemos hacer, nunca tendremos el valor de avanzar y seguir el plan que Dios tiene para nosotros.

- De acuerdo, ahora lo interesante del juego es que tengo un huevo crudo.

Pregunte ¿Alguien sabe cómo llamaremos a este huevo?

- USTEDES. Entonces LOS tomaré y LOS colocaré sobre: "El plan de Dios para nosotros", "Sólo somos niños" y "Pero ¿qué podemos hacer?". Niños, en Romanos 8:29, leemos: «*Pues Dios conoció a los suyos de antemano y los eligió para que llegaran a ser como su Hijo, a fin de que su Hijo fuera el hijo mayor de muchos hermanos*». Pero ¿ya se dieron cuenta que a pesar de que Dios los escogió para ser semejantes a Jesús, hay algo que <u>ustedes</u> deben hacer? Permítanme mostrarles cuál es esa parte. (Complete el experimento siguiendo los pasos restantes). ¿Se dieron cuenta que cuando quitan la tabla de picar "Sólo somos niños" y la caja de fósforos "Somos muy jóvenes para hacer algo por Dios" se retiran, el huevo cae justo en el "plan de Dios"; es decir, vaso de agua? Bueno, lo mismo ocurre cuando rechazamos los pensamientos como: "Sólo somos niños" o "Pero, ¿qué podemos hacer?", y nos sumergimos directo al "Plan de Dios para nosotros". Y adivinen qué, hay un regalo adicional. Cuando decidimos sumergirnos en el plan de Dios, ¡éste es un buen lugar para habitar!

Serie: Dios afirma que ustedes son...

OFRENDA: ¡RESPONDAN ESA LLAMADA!

Tiempo necesario: 10 minutos

Versículo para recibir la ofrenda: «*Porque muchos son llamados, y pocos escogidos*».

(Mateo 22:14)

Implementos: ☐ Un teléfono celular, ☐ un ayudante que esté fuera del escenario para que llame durante la lección (o un efecto de llamada de parte de su operador de sonido).

Instrucciones para recibir la ofrenda:

- Hola, ¡superniños! Hoy, analizaremos una gran verdad acerca de la Palabra de Dios. Leamos Mateo 22:14: «*Porque muchos son llamados, y pocos escogidos*». Algo grandioso acerca de este versículo es que Dios llama a muchos. ¡Y eso me gusta!

Pregunte ¿Habrá algunos cadetes que desean que Dios los llame? (Permita que los superniños respondan, y en ese momento es cuando debe sonar su teléfono).

- Disculpen, cadetes, parece que es una llamada importante (responda el teléfono). "Habla _____, ¿puedo ayudarlo? ¡Oh!, ¡hola!, (haga una pausa mientras simula escuchar por el teléfono) ¿En serio? Eso está mal. Pero sabe que puede contar conmigo, estaré ahí". (Haga una pequeña pausa). ¿Qué pasó? (pausa) "Eso suena estupendo, ¡nos vemos mañana!".

- (Voltéese hacia los superniños y cuénteles acerca de su llamada).

- Cadetes, me ha pasado algo muy interesante. Un amigo invitó a muchos de sus amigos a cenar, pero ninguno de ellos puede asisitir. Yo acepté la invitación, y adivinen qué... no es una cena ordinaria. Una limusina nos pasará recogiendo y nos llevará a cenar a un restaurante maravilloso. Tendremos una demostración de siete postres diferentes. Luego, iremos al cine y nos darán golosinas gratis, todas las que deseemos. Lo mejor de todo es que ¡ya está pagado! Estoy muy contento por haber respondido la llamada.

- (Levante su teléfono y explíquele a sus cadetes:)

- Superniños, acabo de realizar un pequeño drama. Quiero que comprendan lo que en realidad se relata en Mateo 22:14. Si no respondemos cuando Dios llama. Él no puede escogernos para darnos las grandes cosas que Él tiene planeadas. ¿Sabían que Dios nos llama a ser dadores y que le gustaría prosperarnos en gran manera? ¡Eso es verdad! En muchas ocasiones, creyentes como nosotros reciben una llamada de parte de Dios y no le responderán, pensando: "Alguien más puede ayudar al pobre. Ellos en realidad no me necesitan. No puedo hacer mayor cosa".

- La verdad es que, cuando respondemos al llamado que se encuentra en la Palabra de Dios y obedecemos, apareceremos en la lista de los hijos que Dios escoge para realizar tareas especiales. Yo quiero ser escogido, pero primero debo hacer lo correcto cuando Dios me llame. Muchos obtienen el llamado para ser dadores, ¿estarán ustedes en la lista de los escogidos?

Notas:

BOSQUEJO DE LA LECCIÓN — DIOS AFIRMA QUE USTEDES SON ESCOGIDOS

Versículo para memorizar: «Pues Dios conoció a los suyos de antemano y los eligió para que llegaran a ser como su Hijo, a fin de que su Hijo fuera el hijo mayor de muchos hermanos». (Romanos 8:29, NTV)

I. ÉL NOS CONOCÍA ANTES QUE LO CONOCIÉRAMOS
a. Él nos amaba y ya nos había escogido antes de la fundación del mundo. Efesios 1:4
b. Él nos escogió para ser Su pueblo. 1 Tesalonicenses 1:4
c. Él nos escogió para ser Su familia. Romanos 8:29

II. ÉL NOS ESCOGIÓ PARA SER IGUAL A JESÚS, NUESTRO HERMANO Romanos 8:29
a. Jesús escogió a los discípulos para que lo siguieran. Él les dijo: «Vengan y síganme». Ellos dejaron todo y lo siguieron.
b. A pesar de que Jesús los escogió, el joven rico permitió que su amor por las cosas le impidieran seguirlo. Marcos 10:17-22
c. Él nos ha escogido para que lo sigamos, para que seamos semejantes a Él y para que amemos igual que Él. ¿Lo seguirán? Juan 15:14-17

III. MUCHOS SON LOS LLAMADOS, POCOS LOS ESCOGIDOS Mateo 22
a. Ustedes deben demostrar que ha sido escogidos. Versículos 1-10
b. Vístanse y prepárense. Versículos 11-14; Colosenses 3:12-14
c. ¡Debemos tomar la decisión de ser escogidos! 1 Pedro 2:6-9

Una palabra de la comandante Kellie: Como ministros de niños es importante comprender el gran llamado de esta generación, especialmente en los días que estamos viviendo. Dios los está llamando a un lugar de dedicación total a Él. En Juan 6:44-45, leemos que Jesús repite por segunda vez que ÉL edificará un Cuerpo de creyentes en los últimos días, luego afirma que todos serán guiados por Dios, citando lo escrito en Isaías 54. Todos sabemos a quiénes se refiere: ¡a los niños! Ésta es una gran semana para escuchar la profecía que dio Kenneth Copeland acerca de esta generación. Recuerde esa verdad, mientras les enseña durante esta semana a los supeniños. Jesús les habló a los niños en los últimos días, indicándoles que creyeran en Él y que ¡harían milagros! ¡Yo creo que les habló a nuestro niños! ¿Aceptarán ser escogidos?

Dirija a los superniños para que hoy tomen decisiones importantes. ¿Desean ellos ser el pueblo de Dios, es decir Sus hijos? ¿Cambiarán sus pensamientos por Sus pensamientos? ¿Serán como los discípulos y dejarán todo o serán como el joven que permitió que sus posesiones lo alejaran de Jesús? ¿Se unirán al equipo de Jesús y ganarán personas para Él, y se pondrán Su vestidura real de amor y bondad (el fruto del espíritu)? Sé que ellos lo harán mientras Dios se los pide a través de ustedes. Usted es un comandante ungido ¡para esta época!

Notas:

CASO REAL — GALILEO GALILEI

Concepto: Destacar un histórico e interesante lugar, personaje o evento que ejemplifique la lección del día. El tema de hoy es: Dios afirma que ustedes son escogidos.

Medios de comunicación: Si posee la capacidad técnica muestre fotografías de Galileo. (Si no, puede imprimir fotografías de la Internet para mostrárselas a los niños).

Consejo para el maestro: Utilizar un disfraz atrae la atención del superniño. Es de gran ayuda usar imágenes cuando les enseña.

Consejo para involucrar a los adolescentes: Revisar el guión antes de la clase e involucrar a los adolescentes es una gran manera de mantenerlos atentos y activos.

Disfraces/Implementos: ☐ Barba gris, ☐ 1 túnica negra, ☐ 1 telescopio.

INTRODUCCIÓN:

- Hoy hablaremos acerca de ser escogidos por Dios. Cuando Dios escoge a alguien, lo hace para que realice y sea alguien grande. Sólo deben leer su Biblia para confirmar esa verdad. Abraham, Moisés, José, Pablo, Pedro... todos ellos fueron escogidos por Dios para cambiar su mundo. Y debido a que permanecieron preparados, ¡lo hicieron!
- Pero ellos no fueron los únicos. Un hombre italiano, que nació el mismo año que William Shakespeare, también estaba listo para responder al llamado de Dios. Él cambió para siempre la forma en que las personas ¡creían que era el Universo! Este hombre misterioso era conocido como el "padre la ciencia moderna" y fue la primera persona que miró el Universo utilizando un telescopio. ¿Sabe alguien quién es?

LECCIÓN:

Acerca de Galileo Galilei

- El nombre de este hombre misterioso es Galileo Galilei. Galileo nació en 1564, y fue el mayor de cuatro hijos. Hasta los 10 años, su padre, Vincenzio, un matemático y músico talentoso se encargó de su educación. Pero cuando su familia se mudó a Florencia, Italia; Galileo empezó a asistir a la escuela.

El llamado

- En su juventud, Galileo pensó en involucrarse en el ministerio de la Iglesia, pero su padre lo instó a que siguiera los dones que se le habían dado; entonces asistió a la universidad y estudió matemáticas. A sus 25 años, Galileo era tan bueno en ese curso que fue nombrado como el líder del área de matemáticas en la universidad.
- Durante esa época, hizo grandes descubrimientos en la ciencia.

El primer paso: un telescopio

- En 1608, un hombre nórdico inventó el primer telescopio; sin embargo, no tenía mucho alcance. Entonces Galileo se propuso extender su capacidad para ver el espacio exterior. Al siguiente año ¡lo logró! Pudo desarrollar un telescopio que tenía una capacidad 30 veces mayor el invento inicial. Galileo también pudo vender su nuevo y mejorado telescopio a capitanes de barcos, a fin de ganar dinero extra. Y ese dinero lo ayudó a continuar con su trabajo científico.

El segundo paso: las lunas de Júpiter

- Tan sólo cinco meses después, Galileo hizo un maravilloso descubrimiento mientras buscaba Júpiter a través de su telescopio. Notó que había cuatro lunas alrededor del planeta. Nunca nadie había visto estas lunas antes. Las nombró como uno de sus héroes, Medici, pero más tarde los astrónomos las renombraron como los "satélites de Galileo", en honor a Galileo.

El gran descubrimiento

- Las lunas girando alrededor de Júpiter eran importantes por una gran razón. Éstas ayudaron a Galileo a probar algo que la mayoría de las personas no creía. En esa época, casi todos los científicos y astrónomos creían que el sol giraba alrededor de la tierra. No obstante, Galileo estaba de acuerdo con otro famoso científico llamado Copérnico, que eso no era correcto. Por el contrario, ellos creían que la Tierra era la que giraba alrededor del sol.

- Debido a que las lunas giraban alrededor de Júpiter mientras que Júpiter giraba alrededor del sol, se comprobó que un planeta podía girar alrededor de otro; mientras que ese planeta giraba alrededor de uno diferente. ¿Parece confuso? Es suficiente para que su cabeza dé vueltas... pero eso tenía mucho sentido para Galileo. No cabe duda que él fue escogido para ¡realizar ese gran descubrimiento! Galileo se sentía muy bendecido al haber realizado ¡esos descubrimientos maravillosos!. Pero pronto descubrió que en ocasiones ser escogido para realizar grandes cosas significaba no ser popular.

Ser escogido algunas veces significa no ser popular

- Esta idea no era muy común en esa época y molestó a muchas personas. Lo crean o no, las personas más molestas eran ¡las de la Iglesia! ¿Por qué creen que la Iglesia estaba molesta con el nuevo descubrimiento de Galileo que afirmaba que la Tierra giraba alrededor del sol? Porque en 1 Crónicas 16:30, leemos: «...*El mundo será aún establecido, para que no se conmueva*». La Iglesia en ese tiempo creía que la Tierra no se movía. También creía que cualquiera que dijera que la Tierra se movía, estaba en contra de Dios y debía ser castigado.

- Galileo intentó explicar que no estaba diciendo que las Escrituras, sólo que lo estaban interpretando mal. Incluso con su buen corazón y su naturaleza tolerante, enviaron a Galileo por un tiempo a la prisión. Más tarde, sentenciaron a arresto domiciliario. Arresto domiciliario significa que no le es permitido abandonar su casa... ¡nunca! ¿Se imaginan tener que permanecer encerrado el resto de su vida? Y ustedes creían que los días lluviosos eran malos!

- Los legisladores de esa época también ordenaron que todos los libros que él había escrito no se vendieran ni se leyeran. Transcurrieron casi 100 años para que éstos pudieran publicarse. Lo bueno es que Galileo no esperó hasta que la gente cambiara su forma de pensar para escribir ¡sus famosos libros de ciencia!

Las personas escogidas no se pueden detener

- Lo lamentable es que Galileo tuvo que terminar el resto de sus días bajo arresto domiciliario. Muchas personas pensaban que era ridículo que él creyera que la Tierra giraba alrededor del sol. No obstante, eso no impidió que Galileo cumpliera su llamado. Él pudo haberse quedado sentado en casa sintiendo lástima de sí mismo y por lo mal que lo habían tratado; pero Galileo hizo lo contrario. Escribió el mejor libro de ciencia de todos los tiempos. De hecho, a uno de los hombres más inteligentes de todos los tiempos, Albert Einstein, le encantaba ese libro. Incluso el trabajo de Galileo ayudó a Albert Einstein a desarrollar su famosa "Teoría de la relatividad".

HACIENDO HISTORIA:

- No hay duda que Galileo Galilei hizo historia. Una de las grandes cosas hechas en su honor fue el lanzamiento de la nave espacial Galileo, la primera nave en volar alrededor de Júpiter. ¡Se hubiera sentido muy orgulloso al respecto!

Conclusiones:

- Muchas personas han estudiado el espacio durante muchos años; sin embargo, es fácil comprender que Galileo hizo más que sólo estudiar el espacio. Escogió realizar grandes descubrimientos que revolucionarían su mundo y que enojaría a muchas personas. A las personas escogidas no les importa a qué deban renunciar, a fin de cumplir su llamado y hacer historia. Por esa razón, Galileo Galilei es nuestro caso real de hoy.

Notas:

LECCIÓN 12: USTEDES SON JUSTOS

 **BIENVENIDA Y ORACIÓN**

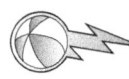 **VERSÍCULO PARA MEMORIZAR**

 **TIEMPO PARA JUGAR**

 **SUPLEMENTO 1: LECCIÓN PRÁCTICA**

 **OFRENDA**

 **ALABANZA Y ADORACIÓN**

 **BOSQUEJO DE LA LECCIÓN**

 **SUPLEMENTO 2: EL LABORATORIO DE LA ACADEMIA**

 **ORACIÓN, ANUNCIOS Y MATERIAL DE APOYO**

Versículo para memorizar: «Al que no conoció pecado, por nosotros lo hizo pecado, para que nosotros seamos justicia de Dios en él».

(2 Corintios 5:21, *RV95*)

Serie: Dios asegura que ustedes son...

Academia de Superniños • Vol. 4/12.ª semana • Ustedes son justos

 **TIEMPO PARA JUGAR** — **ESTALL EN SU BURBUJA**

Tiempo necesario: 7-10 minutos

Versículo para memorizar: «Al que no conoció pecado, por nosotros lo hizo pecado, para que nosotros seamos justicia de Dios en él». (2 Corintios 5:21, RV95)

Consejo para el maestro: Asegúrese de que los jugadores tiren la goma de mascar en un basurero al final del juego.

Consejo para involucrar a los adolescentes: Involucrar a los adolescentes como auxiliares es una gran forma de desarrollar la confianza en sí mismos, y un adolescente ameno y activo mantendrá a los niños involucrados y atentos.

Implementos: ☐ Varios paquetes de goma de mascar (se necesitan 6 gomas de mascar para cada ronda de juego), ☐ un recipiente (para colocar las goma), ☐ cinta adhesiva (para marcar una línea de "salida" en el piso), ☐ 1 basurero pequeño (para la goma de mascar usada), ☐ música alegre de fondo (sólo asegúrese de que el volumen no sea muy alto, de lo contrario, no podrá escuchar cuando le digan el versículo para memorizar).

Antes del juego:

- Abra los paquetes de la goma de mascar, y coloque las piezas envueltas individualmente en el recipiente.
- Si tiene un pasillo en el centro del salón: coloque el recipiente con las gomas de mascar hasta el final del pasillo.
- Si no tiene un pasillo central, coloque el recipiente con las gomas de mascar al frente del salón. Utilice la cinta adhesiva para marcar en el piso una línea de "salida" a una distancia prudente lejos del recipiente.

Instrucciones del juego:

- Enséñeles el versículo para memorizar a los superniños. Seleccione dos equipos con tres niños cada uno (seis niños en total), quienes puedan repetir el versículo de manera correcta.
- Escoja dos miembros por equipo o a cadetes responsables y mayores para que sean los "oyentes".
- Coloque a los dos equipos detrás de la línea de "Salida".
- Al lado de cada equipo asigne a un ayudante quien los escuchará cuando repitan el versículo para memorizar.
- Cuando les diga que empiecen, el primer jugador de cada equipo le dirá el versículo al "oyente" lo más rápido que pueda. Una vez que lo haya hecho, deberá correr, agarrar una goma de mascar del recipiente, abrirla, masticarla y hacer una burbuja.
- Luego el jugador regresa al frente del salón y toca al siguiente para que continúe el juego.
- Los dos jugadores siguientes deben seguir las mismas instrucciones. El primer equipo en terminar, ganará.

Objetivo del juego:

Aprender la Palabra de Dios lo suficientemente bien para ¡repetirla de manera rápida!

Aplicación:

Cuando Jesús vive en nuestro interior, vivimos en Su justicia. Es como vivir en una ¡gran "burbuja" de Dios!

Serie: Dios afirma que ustedes son...

Ustedes son justos • Vol. 4/12.ª semana • Academia de Superniños

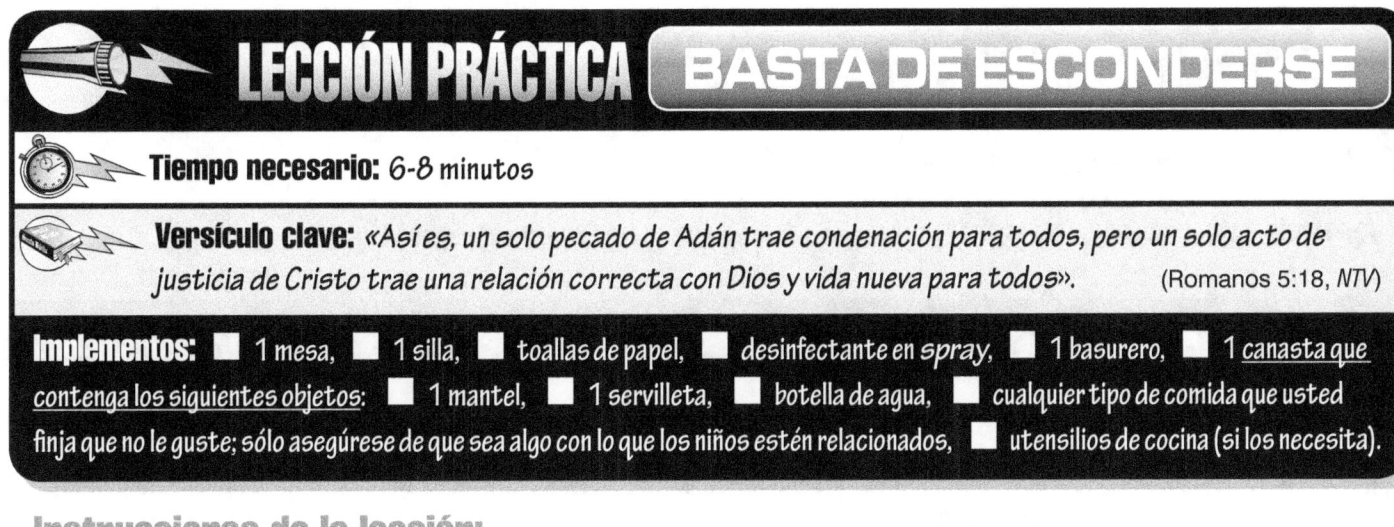

LECCIÓN PRÁCTICA — BASTA DE ESCONDERSE

Tiempo necesario: 6-8 minutos

Versículo clave: «Así es, un solo pecado de Adán trae condenación para todos, pero un solo acto de justicia de Cristo trae una relación correcta con Dios y vida nueva para todos». (Romanos 5:18, NTV)

Implementos: ☐ 1 mesa, ☐ 1 silla, ☐ toallas de papel, ☐ desinfectante en spray, ☐ 1 basurero, ☐ 1 <u>canasta que contenga los siguientes objetos</u>: ☐ 1 mantel, ☐ 1 servilleta, ☐ botella de agua, ☐ cualquier tipo de comida que usted finja que no le guste; sólo asegúrese de que sea algo con lo que los niños estén relacionados, ☐ utensilios de cocina (si los necesita).

Instrucciones de la lección:

- ¡Mi mamá es la mejor! No comí nada al salir de casa, entonces ella me envió unos bocadillos en esta canasta de comida. Veamos qué es lo que contiene. Un mantel muy bonito. (Saque el mantel de la canasta y colóquelo sobre la mesa). Agua para lavar mi merienda... (colóque la botella de agua sobre la mesa). Una servilleta para limpiar las deliciosas migajas de mi boca... (ponga la servilleta de manera delicada sobre la mesa). Y por último, pero no menos importante, redobles de tambor por favor: la grandiosa, riquísima, asombrosamente, exquisita merienda: _____ (Saque su merienda y véala con decepción mientras anuncia de qué se trata).

- ¡Qué lastima! Yo esperaba algunas galletas con chispas de chocolate o alitas de pollo. Parece algo, **¡saludable!** No me dan ganas de comérmela, pero mi mamá se esforzó mucho para arreglar esta canasta. Será mejor que me la coma. Quizá sabe mejor de lo que se ve. (Déle una mordida, y de inmediato haga un gesto. Ésta es su oportunidad de actuar y hacerlo divertido). En efecto, ¡estoy es muy saludable!, pero no estoy muy seguro de comérmela. Sé que mi mamá desea que en ocasiones coma algo saludable; sin embargo, con un poco será suficiente. ¡Ya sé! Lo dejaré bajo el mantel. Ella nunca lo sabrá, así no lastimaré sus sentimientos. Sería mejor que le diera otras mordidas para que parezca que me gusta. (Mastique un poco más, y luego escúpalo en su mano y colóquelo bajo el mantel. Es probable que a los niños les parezca desagradable). Estoy muy contento que me haya enviado este mantel. Es grandioso para esconder la comida.

- Superniños, permítanme preguntarles algo.

Pregunte ¿Ha escondido alguno de ustedes comida masticada? Talvez hayan escondido algo en una servilleta o en un bolsillo. ¿Qué creen que le sucederá a la comida si la dejo bajo el mantel un par de semanas, o incluso un par de meses?

- (Escuche algunas respuestas de los superniños).

- Comenzará a sacar ¡MAL OLOR! Incluso podría pudrirse o engusanarse. Es probable que el mantel lo oculte por un momento; pero con el tiempo será descubierto.

- Sucede exactamente lo mismo con el pecado. Cuando Adán desobedeció a Dios en el huerto de Edén, intentó escondérselo a Dios. Aunque eso no sirvió de nada, Dios pudo sentir el MAL OLOR del pecado y éste provocó que todas las personas de este planeta se separaran de la familia de Dios. En Romanos 5:18, leemos que el pecado de Adán trajo condenación (contaminación) para todos, pero el acto de justicia de Cristo devolvió la correcta comunión delante de Dios y nueva vida para todos.

- Nuestro Padre celestial tenía un plan ¡para solucionarlo todo!: envió a Jesús. Y Jesús sabía qué hacer para deshacerse del pecado de una vez por todas. (Saque sus toallas de papel y el desinfectante). Cuando Jesús murió en la Cruz, tomó nuestro pecado y nos hizo ¡justos ante Dios! (Quite las cosas de la mesa y el mantel sucio). Él nos limpió por completo del pecado, ése es el significado de ser "justo". (Limpie la mesa con las toallas de papel y el desinfectante). Gracias a lo que Jesús hizo, es como si nunca hubiéramos cometido un error ¡durante toda nuestra vida! (Lance las toallas de papel al basurero).

- ¡Piensen en lo maravilloso que es! Ustedes no deben ser como este mantel, en el cual se esconde el pecado sucio, podrido y masticado. Con Jesús, su vida puede ser limpia y justa para que nunca tenga mal olor ¡en el interior! Y cuando nuestra vida huele bien, podemos presentarnos confiadamente ante Dios. ¡Qué bueno que tenía toallas de papel y el desinfectante! Ahora, esta mesa es ¡"justa"!

Serie: Dios afirma que ustedes son...

Academia de Superniños • Vol. 4/12.ª semana • Ustedes son justos

 **OFRENDA — ACABANDO CON LA BONDAD**

Tiempo necesario: 10 minutos

Versículo para recibir la ofrenda: "Tu generosidad lo sorprenderá (a tu enemigo) con bondad".

(Romanos 12:20, *MSG*)

Implementos: ☐ Una piñata.

Instrucciones para recibir la ofrenda:

Pregunte ¿Alguno de ustedes había estado alguna vez en una fiesta donde tuvieran una de estas cosas? (Muéstreles la piñata) ¿Quién puede decirme cómo se llama?

- Piñata.

Pregunte ¿Y cómo funcionan las piñatas?

- Por lo general, se llenan con dulces y se cuelgan de un árbol u otro lugar alto. ¿Por qué? Porque para jugar este juego, le deben vendar los ojos a alguien y darle a esa persona un palo, y su trabajo es tratar de hacer un agujero en la piñata, de modo que salgan los dulces.

- Quiero preguntarles algo: Todos sabemos que las piñatas se llenan con algo bueno, pero ¿en realidad conocemos con exactitud qué hay dentro? No, no sabemos que clase de <u>cosas</u> hay en el interior hasta que salen después de romper la piñata. ¡Es una sorpresa!

- Hoy, superniños, quiero contarles acerca de una sorpresa que cae de una "piñata" diferente, la cual Dios cree que es muy especial. En Romanos 12:20, leemos: "Tu generosidad lo sorprenderá con bondad". Este versículo nos afirma que cuando somos generosos con los demás, será como una sorpresa agradable a quienes se la demos.

- Imagínenselo de esta manera: Cuando ustedes están llenos de generosidad y son bondadosos, su corazón es como una piñata, llena de bondad. Y cuando empiezan a darle a otros es como si la piñata se rompiera y les cayeran impresionantes sorpresas a quienes están a su alrededor.

- Nuestro Padre celestial se ha de sentir muy complacido cuando ustedes tienen un corazón generoso y dejan que esa bondad alcance a otras personas, inundándolas con dulces sorpresas. De hecho, ¿por qué no traen algunas dulces sorpresas delante de Dios hoy al dar sus diezmos y sus ofrendas?

Notas:

Serie: Dios afirma que ustedes son...

BOSQUEJO DE LA LECCIÓN — USTEDES SON JUSTOS

Versículo para memorizar: «Al que no conoció pecado, por nosotros lo hizo pecado, para que nosotros seamos justicia de Dios en él». (2 Corintios 5:21, RV95)

I. DIOS NOS PREDESTINÓ PARA QUE FUÉRAMOS SU FAMILIA Romanos 8:29-30

a. <u>Justicia</u>: Es la capacidad de permanecer delante de Dios sin culpa ni vergüenza, como si el pecado nunca nos hubiera separado o nos hubiera alejado de Dios.

b. Adán trajo el pecado al mundo. Romanos 5:12, 16

c. La naturaleza pecaminosa del hombre lo separó de Dios. Efesios 2:1-3

II. NO PODEMOS GANARNOS LA JUSTICIA, ENTONCES DIOS NOS LA DIO POR SU GRACIA Efesios 2:4-6, 8-9

a. Dios <u>hizo</u> a Jesús pecado por nosotros, de modo que fuéramos <u>hechos</u> ¡<u>Su</u> justicia! 2 Corintios 5:21, RV95

b. Jesús nos hizo justos delante de Dios, como si nunca hubiéramos pecado. Romanos 5:10-11

c. ¡Lo que Jesús hizo fue más poderoso ¡que lo que Adán hizo! Romanos 5:17-18

III. SOMOS HECHOS JUSTOS CUANDO CREEMOS Y REPETIMOS LO QUE DIOS DIJO Romanos 3:22-27

a. No importa quiénes seamos o lo que hayamos hecho, Él <u>afirma</u> que somos justos.

b. La justicia viene de Mí, <u>dice</u> el Señor. Isaías 54:17

c. De principio a fin, todo es por fe. Romanos 1:17

d. Crean en su corazón y <u>confiesen</u> de ¡lo que Dios afirma! Romanos 10:10

Una palabra de la comandante Kellie: ¡Qué gran día para pensar bien sobre lo que es correcto y permitir que esto nos cambie (1 Corintios 15:34)! Nuestra justicia en Él es el milagro más grande que Dios nos ha otorgado. Cuando el pecado nos alejó de Dios, nuestro espíritu no podía conectarse con Él. Estábamos sujetos a cualquier cosa que Satanás deseara lanzarnos. No había nada que <u>nosotros</u> pudiéramos hacer para arreglarlo. Pero, gracias a Dios, ¡Él no estaba dispuesto a perdernos! Recuerde dar el ejemplo completo que se relata en Romanos 8, mientras enseña esta semana. ¡Dios nos quiere a nosotros! ¡Él pagó el precio por nosotros! Y ahora nos pertenece todo lo que Él posee. No basado en nuestro propia bondad, sino en la Suya. Muchas veces confundimos la justicia con la buena conducta. El regalo de justicia de Dios provoca que querramos actuar de manera correcta. ¡No al revés! Éstas son buenas noticias para nosotros, pues nada podrá interponerse entre Dios y nosotros nunca más. Ese pensamiento lo encontramos resumido en Romanos 5:1—2. Tenemos paz para con Dios por medio de Jesús, y podemos vivir <u>con</u> Él en toda Su gloria.

Notas:

Academia de Superniños • Vol. 4/12.ª semana • Ustedes son justos

EL LABORATORIO DE LA ACADEMIA — MEJOR QUE NUEVO

Tiempo necesario: 10 minutos

Versículo clave: «Al que no conoció pecado, por nosotros lo hizo pecado, para que nosotros fuésemos hechos justicia de Dios en él». (2 Corintios 5:21, *RV95*)

Consejo para el maestro: Practique antes de la demostración delante de los superniños.

Implementos: ☐ 1 recipiente transparente (lo suficientemente grande para colocar su mano adentro), ☐ pichel transparente con agua, ☐ yodo, ☐ almidón líquido, ☐ tabletas de vitamina C hechas polvo, ☐ 1 cuchara grande (para mezclar), ☐ 1 taza para medir.

Experimento:

1. Vierta una taza de almidón líquido en el recipiente.
2. Ponga varias gotas de yodo en el pichel y mezcle hasta que el agua se torne amarillo claro.
3. Coloque su mano derecha en el agua y muévala.
4. Introduzca su mano izquierda en el recipiente con el almidón, hasta que ésta se cubra.
5. Saque su mano derecha del pichel y coloque su mano izquierda (que está cubierta con almidón) en el pichel y agítela. El agua se tornará azul.
6. Saque su mano izquierda del agua. Pídale a su asistente que vierta el polvo de vitamina C (se necesitarán una o dos tabletas para hacer un cambio dramático) en su mano derecha.
7. Coloque su mano derecha en el agua y muévala mientras usted esparce el polvo. Luego, debería ver cómo el agua se vuelve clara de nuevo.

Instrucciones de la lección:

- Superniños, en nuestro experimento de hoy, quiero mostrarles cómo tornar un pichel ordinario con agua y cambiarlo de agua clara a oscura; y al final, volverla clara de nuevo. Pero antes de comenzar, necesitaré un asistente. ¿Quién de ustedes es bueno con los experimentos? (Escoja a su asistente).

- Ahora, para comenzar, necesitaremos un pichel con agua pura. Esta agua limpia es representa cómo Dios hizo a la humanidad en el principio: perfecta y pura por completo. Pero creo que la mayoría de ustedes sabe qué les sucedió a aquellas dos personas puras y limpias cuando el diablo se presentó. Ellos escucharon una mentira y desobedecieron a Dios; y en un instante sus corazones se ensuciaron. Es como lo que le sucede al agua cuando le agrego yodo. ¿Cuál es el resultado? Deja de estar limpia, ¿cierto? Ahora el agua se ve como el corazón de Adán y Eva después de haber pecado en el huerto, sus corazones dejaron de ser limpios y puros.

- Niños y niñas, sólo hay una manera para que este problema sea resuelto. Antes de que las cosas se arreglaran entre Dios y Sus hijos, la situación empeoró. Permítanme mostrarles de qué les estoy hablando. (Realice los pasos 4 y 5 para tornar el agua en color azul).

- ¿Se dan cuenta que el agua ahora está más oscura que antes? Pero Jesús tomó todas las impurezas del pecado, como la de esta agua sucia, sobre Sí mismo cuando murió en la Cruz. ¡Ése fue un día de tinieblas para Dios y para Su único Hijo!

- Pero también estoy muy agradecido que la historia no terminara ahí. Después que Jesús pagó el precio por nuestros pecados, ¡algo maravilloso sucedió! (Complete el experimento al realizar los pasos 6 y 7).

- ¡Qué maravilloso!, el agua ya no está sucia ni oscura. Debido a que Jesús tomó la culpa de los pecados del mundo, nuestro corazón ya no está sucio. Cuando aceptamos lo que Él hizo por nosotros, nuestros corazón se vuelve limpios al igual que este pichel de agua. Y con el corazón limpio, tenemos el privilegio de estar cerca de Dios todo el tiempo; y eso es algo que nos emociona, ¿están de acuerdo?

Serie: Dios afirma que ustedes son...

LECCIÓN 13: USTEDES SON BENDECIDOS

 BIENVENIDA Y ORACIÓN

 VERSÍCULO PARA MEMORIZAR

 TIEMPO PARA JUGAR

 SUPLEMENTO 1: LECCIÓN PRÁCTICA

 OFRENDA

 ALABANZA Y ADORACIÓN

 BOSQUEJO DE LA LECCIÓN

 SUPLEMENTO 2: TIEMPO DE LECTURA

 ORACIÓN, ANUNCIOS Y MATERIAL DE APOYO

 **Versículo para memorizar:** «Así que todos los que ponen su fe en Cristo participan de la misma bendición que recibió Abraham por causa de su fe». (Gálatas 3:9, *NTV*)

Serie: Dios asegura que ustedes son…

Academia de Superniños • Vol. 4/13.ª semana • Ustedes son bendecidos

TIEMPO PARA JUGAR — COMAMOS

Tiempo necesario: 10-15 minutos

Versículo para memorizar: «Así que todos los que ponen su fe en Cristo participan de la misma bendición que recibió Abraham por causa de su fe». (Gálatas 3:9, *NTV*)

Consejo para el maestro: Utilice música alegre durante el juego; la música de banjo ¡sería la más adecuada para este juego! Por seguridad, si usted decide permitirles probar o tocar los alimentos, es importante preguntarles a los niños si son alérgicos a algún alimento.

Consejo para involucrar a los adolescentes: Involucrar a los adolescentes como auxiliares es una gran forma de desarrollar la confianza en sí mismos, y un adolescente ameno y activo mantendrá a los niños involucrados y atentos.

Implementos: ☐ 8 vasos pequeños de pudín o de gelatina Jello®, ☐ 8 cucharas plásticas, ☐ 1 lona plástica.

Antes del juego:

- Coloque una cuchara en cada vaso de pudín.

Instrucciones del juego:

- Enséñeles el versículo para memorizar a los superniños.
- Forme dos equipos con dos niños en cada uno (cuatro niños en total) quienes sepan bien el versículo para memorizar.
- Déle a cada jugador un vaso con una cuchara, y colóquelos frente a frente de pie sobre la lona.
- A la señal de "inicio", los jugadores se alimentarán al mismo tiempo entre sí. El primer equipo en alimentar a su compañero y dejar vacíos sus vasos, tiene la oportunidad de repetir el versículo. El primer equipo que lo diga de manera correcta, ¡ganará!
- Éste es un maravilloso juego para el espectador, y es más difícil de lo que parece. Puede jugar muchas rondas del juego; sólo asegúrese de tener suficiente pudín o gelatina.

Notas:

Serie: Dios afirma que ustedes son...

Ustedes son bendecidos • Vol. 4/13.ª semana • *Academia de Superniños*

LECCIÓN PRÁCTICA — UNA DECISIÓN FÁCIL

Tiempo necesario: 6-8 minutos

Versículo clave: «Hoy te he dado a elegir entre la vida y la muerte, entre bendiciones y maldiciones. Ahora pongo al cielo y a la tierra como testigos de la decisión que tomes. Ay, si eligieras la vida...».

(Deuteronomio 30:19, *NTV*)

Consejo para el maestro: Por seguridad, si usted decide permitirles probar o tocar los alimentos es importante que les pregunte a los niños si son alérgicos a algún alimento.

Implementos: ☐ 1 mesa, ☐ mantel plástico (en caso de que se derrame algo, es fácil limpiarlo), ☐ un mantel de tela o una sábana (para esconder las tartas hasta que comience la lección), ☐ 1 tarta de chocolate con crema, ☐ masa precocida de tarta, ☐ crema batida en lata, ☐ tierra, ☐ agua, ☐ un tenedor, ☐ utensilios para servir la tarta.

Antes de la actividad:

- Coloque el mantel plástico sobre la mesa. Haga una tarta de lodo: prepare suficiente lodo, utilice la tierra y el agua para llenar la masa de tarta vacía. Evite agregar mucha agua. El lodo debe estar espeso, no muy líquido. Coloque los otros implementos sobre la mesa: la tarta de chocolate, la crema batida, el plato y el tenedor. Cubra la mesa con el otro mantel para esconder sus objetos de los curiosos.

Instrucciones de la lección:

- No me vendría mal encontrar a alguien que me ayude a comerme algo de tarta. Es probable que a ustedes no les gusten las tartas, ¿o sí, les gustan? Bueno, eso es grandioso, ¡porque necesito un ayudante! Pero también tiene que gustarle el chocolate y la crema batida.

¿Hay algún superniño que le guste el chocolate y la crema batida? (Escoja a un superniño para que lo ayude).

- Entonces ¿estás listo para comer tarta? Sólo debes hacer algo antes de que puedas comer. Debes tomar una decisión. Hay dos tartas sobre la mesa de las que puedes escoger una, no puedes probar las dos.

¿Puedes hacerlo? (Escuche la respuesta del asistente)

- ¡Maravilloso! ¡Entonces comamos! (Quite el mantel para mostrar las dos tartas). Ahora bien, primero déjame hablarte de qué están hechas; así podrás tomar la mejor decisión. Pues escoger postres ¡es muy importante! Muy bien, la primera es de delicioso y cremoso chocolate. La segunda es espesa y en realidad fue hecha de verdadero lodo. Y antes que la descartes, déjame decirte que su masa fue hecha con mantequilla. Y mira, podemos agregarle crema batida. (Rocíele un poco de crema batida).

Ahora, ¿qué tarta te gustaría?

- Toma tu tiempo, y escoge con cuidado. (Es obvio que su ayudante escogerá la tarta de chocolate. Si escoge el de lodo, agradézcale y ¡llame a otro ayudante!). ¿Estás seguro? No te tomó mucho tiempo escoger. ¿No crees que debes pensarlo más? De acuerdo, adelante, pruébalo. (Déle un tenedor al superniño y permita que coma mientras usted termina de enseñar la lección. No utilice un plato extra el superniño se emocionará más si come directamente del plato. Pues ése es el sueño de todo niño. Puede colocar la tarta a un lado después de la lección práctica, y dársela a su ayudante para que se lo lleve a casa al terminar el servicio).

Serie: Dios afirma que ustedes son...

Pregunte ¿Qué tal está el pastel?

- ¡Bien! Superniños, ¿acaso no están de acuerdo en que mi ayudante tuvo que tomar una decisión fácil? No es difícil escoger entre una tarta de chocolate y una de lodo. Ahora bien, ¿sabían que ustedes tienen una decisión incluso más fácil? No les estoy hablando de escoger una tarta de chocolate y una de lodo. Me estoy refiriendo a una decisión que Dios quiere que tomemos. En Deuteronomio 30:19, Dios nos da a elegir. Él dijo que podemos escoger entre la bendición y la maldición, o dicho de otra manera: Dios nos dice que podemos escoger entre Sus cosas buenas y las cosas malas del mundo.

Pregunte ¿Cuál escogerían?

- Por supuesto que ¡las cosas buenas! Eso es LA BENDICIÓN. Es la opción más fácil de tomar que pueda existir. Eso es lo que hace a nuestro Dios tan bueno. Él hace que ser bendecidos sea fácil. Sólo deben escoger Su camino y ser obedientes. Esa noticia es tan buena que quiero celebrar comiendo un poco de tarta (Observe la tarta de su ayudante, la cual es probable que ya se haya acabado). Bueno, parece que debo conseguir mi propia tarta…

Notas:

Ustedes son bendecidos • Vol. 4/13.ª semana • *Academia de Superniños*

OFRENDA: LOS BENEFICIOS DE DIOS

Tiempo necesario: 10 minutos

Versículo para recibir la ofrenda: "Mis beneficios son más valiosos que un buen salario, incluso si es un gran salario".
(Proverbios 8:19, *MSG*)

Implementos: ☐ La sección de clasificados del periódico (Necesita la sección de empleos)

Antes de la ofrenda:
Comience colocando los contenedores de ofrenda sobre una mesa frente al salón.

Instrucciones para recibir la ofrenda:

Pregunte ¿Cuántos de ustedes han visto que su papá o su mamá lea el periódico?

- Es probable que lo lean mientras desayunan, o quizá papá lo lea después de terminar la cena mientras se relaja.
- Niños, hoy quiero mostrarles una parte en particular del periódico, se llama: los clasificados.

Pregunte ¿Alguien sabe qué encontramos en esta sección de clasificados? (Obtenga algunas respuestas de los superniños).

- Hay muchas cosas que pueden encontrar en esta sección: Cosas que personas desean vender, apartamentos para rentar, gente intentando encontrar a sus mascotas perdidas; todo tipo de cosas. Pero la parte que veremos hoy es la sección que anuncia los empleos. Estos anuncios los envían compañías que están buscando empleados. Revisemos algunos (Lea algunos anuncios, de preferencia los que mencionan los beneficios).

Pregunte ¿Notaron que algunos de estos empleos hablan acerca de algo llamado 'beneficios'? ¿Sabe alguien qué significa? ¿Cuáles creen que serían buenos beneficios en un buen trabajo?

- (Escuche algunas respuestas de los supeniños).
- Permítanme mencionarles algunos de los beneficios de un buen empleo: Seguro médico, eso significa que si necesita ir al médico, ellos le ayudarán a pagar la cuenta; pago de vacaciones, eso significa que mientras se encuentran de vacaciones, el jefe de mamá o papá les está pagando como si estuvieran trabajando, incluso si se encuentran en la playa o en Disneylandia jugando con ustedes; fondo de retiro, esto es como una cuenta de ahorro que establece la compañía, depositará dinero para que cuando mamá o papá sean mayores y sea tiempo que dejen de trabajar, tengan dinero para vivir.
- Los beneficios son muy buenos, ¿verdad? Pues bien, ¿sabían que cuando vivimos para Dios, Él tiene beneficios para nosotros? Leamos Proverbios 8:19: "Mis beneficios son más valiosos que un gran salario, incluso si es un gran salario". ¡Que emocionante saber que no tenemos que preocuparnos por buscar un empleo donde nos paguen mucho; sólo debemos asegurarnos de ser obedientes a Dios y trabajar para Él; y obtendremos todos los beneficios que alguna vez necesitemos. ¿Quién está listo para traer una ofrenda al mejor jefe que pudieran tener, inuestro Padre Dios?

Notas: _____

Serie: Dios afirma que ustedes son...

BOSQUEJO DE LA LECCIÓN — USTEDES SON BENDECIDOS

Versículo para memorizar: «Así que todos los que ponen su fe en Cristo participan de la misma bendición que recibió Abraham por causa de su fe». (Gálatas 3:9, NTV)

I. DIOS LLAMÓ A SU PUEBLO PARA QUE VIVIERA EN LA BENDICIÓN Romanos 8:30-39

a. Adán y Eva escogieron su propio camino.
   Génesis 1:28-29, 2:8-9 ——— Génesis 3:17-19

b. La familia de Noé quería ser famosa sin la ayuda de Dios.
   Génesis 9:1-3 ——— Génesis 11:3-4

c. Abraham le permitió a Dios que lo hiciera rico y famoso; ésa es LA BENDICIÓN.
   Génesis 12:1-3 ——— Génesis 14:17-23

d. Las circunstancias tampoco limitaron a Isaac, Jacob o José. Todos ellos vivieron en ¡LA BENDICIÓN!

II. JESÚS COMPRÓ LA BENDICIÓN PARA NOSOTROS Gálatas 3:13-14

a. Dios debe ser nuestra fuente, tengan fe en Él. Mateo 6:24-33
b. Cuando hacemos las cosas a la manera de Dios, somos BENDECIDOS. 2 Pedro 1:3-11
c. LA BENDICIÓN nos hace ricos de verdad sin tristeza ni trabajo duro. Proverbios 10:22

III. DEBEMOS ESCOGER ENTRE LA BENDICIÓN O LA MALDICIÓN Deuteronomio 30:15-20

a. La obediencia es la clave para recibir LA BENDICIÓN. Deuteronomio 28:1-2, 8, 13
b. ¡Incluso para los superniños! Efesios 6:1-3
c. Es su decisión.
   1. "La dulce vida" Efesios 2:10, AMP
   2. La vida pantanosa Proverbios 13:15, AMP

Una palabra de la comandante Kellie: Sé que les he dado muchas escrituras para que enseñen todo este tema. Pero lo hago ¡porque es para ustedes! Tome un tiempo extra esta semana en oración y en estudio para que en realidad ¡se arraigue en usted la Palabra de Dios! Permita que el Señor deje que esa revelación de LA BENDICIÓN explote en usted. No hay mejor vida que vivir bajo LA BENDICIÓN aquí en la Tierra. Muchas veces, durante todo el año, les hemos enseñado a los superniños acerca de "La dulce vida". Llevar una vida con Dios no se trata de cumplir una lista de cosas que debemos y no debemos hacer, sino de vivir en ¡LA BENDICIÓN! Se trata de no experimentar con nuestras propias decisiones. Dios ya ha preparado un plan para nuestra vida, y ¡la ha bendecido! Sólo debemos escuchar y obedecer. Ni siquiera necesitamos todos los detalles (Proverbios 20:24) cuando depositamos nuestra confianza en Él. En Deuteronomio 30:11, leemos que no es difícil ni complicado. Sólo debemos escoger Su camino. Podemos ser igual que Jesús, podemos estar en lo correcto siempre. Jesús no encontró Su perfección por ser Hijo de Dios, sino en Su obediencia. Lea Juan 5:30. Así como Él es, así somos nosotros. ¡Obedientes y BENDECIDOS! Recuerde lo escrito en Romanos 8. Él hace que todo obre para bien para nosotros (versículo 28); nos ha dado Su gloria (versículo 30) y todo lo demás (versículo 32). Si Él con nosotros, ¿quién contra nosotros? ¡ÉSA ES LA BENDICIÓN! ¡Vaya y adquiérala, Comandante!

TIEMPO DE LECTURA — ESMERALDA

 Consejo para el maestro: Se le dan opciones para desarrollar la presentación de la historia.

 **Consejo para involucrar a los adolescentes:** Repasar el guion antes de iniciar la clase e involucrar a los adolescentes como auxiliares es una gran forma de mantener a los niños involucrados y atentos.

 **Consejos para el dibujante:** Corte el papel según el tamaño del pizarrón y péguelo. Dibuje un boceto a lápiz del dibujo, antes de realizar la presentación durante la lección. Pues quizá no haya tiempo para completarlo y colorearlo en la escena. Difumine las líneas con borrador, a fin de que sean visibles para el dibujante, no para el público. Lea antes el guion para determinar el tiempo necesario para terminar la ilustración en el escenario. Cuando inicie la historia, use marcador negro para resaltar el dibujo, siguiendo las líneas guías. Después coloréelo usando tizas de color pastel. Luego difumine los colores con un pedazo de tela. Finalmente, quite el papel del pizarrón, enróllelo, amárrelo con bandas elásticas, y luego ¡regáleselo a un niño!

Implementos para el dibujo: ☐ Caballete (para colocar el poliestireno expandido), ☐ 1 pieza grande de poliestireno expandido (Se recomienda una de 30" x 48", la cual puede comprar en una tienda de manualidades), ☐ 1 rollo de papel blanco tamaño pancarta (ya sea material del maestro o comprado en la tienda de manualidades) ☐ Marcadores negros (para el boceto y para delinearlo), ☐ tizas color pastel (de una tienda de manualidades), ☐ trapos (para mezclar la tiza), ☐ tijeras (para cortar el papel a la medida que se necesita), ☐ cinta adhesiva (para pegar el papel al poliestireno expandido), ☐ bandas elásticas (para amarrar el dibujo que se regalará), ☐ mesa pequeña (para colocar los implementos durante la lección), ☐ lápiz y borrador (los lápices de grafito son mejores), ☐ bata (para mantener limpia la ropa del dibujante).

Antes de la lectura:

De las siguientes opciones de presentación, escoja cuál se adapta mejor para su equipo:

1. Tiempo de lectura:

Seleccione su elenco con antelación (pueden ser miembros del equipo o superniños que sepan leer bien, y que además, tengan talento dramático y sean expresivos) para que lean las líneas de los personajes de la obra. La cantidad de personas que seleccione dependerá de cuántos personajes tengan líneas en la historia o cuántas personas tenga disponibles. Si no cuenta con muchas, puede utilizar una persona para que lea dos personajes. Sólo asegúrese que las voces sean distintas. Saque copias del guion y resalte las líneas de cada uno. Le sugerimos que realicen antes un ensayo de lectura, a fin de asegurarse que la lectura fluya. Para añadirle diversión, usen disfraces. Al principio de la historia, presente a su elenco.

Lista de personajes/disfraces:

Esmeralda:	Peluca roja, blusa brillante y colorida
Compañera de clase:	Peluca rubia o castaña, blusa
Mamá:	Peluca con estilo de "mamá", blusa y collar
Pastor Rod:	Chaqueta de cuero, peluca y barba rara, pañuelo para el pelo

2. Una historia ilustrada:

Si hay algún dibujante en su equipo, será de gran ayuda para su presentación. Mientras se lee la historia, el artista puede realizar un dibujo en relación al tema, el cual se regalará como premio al finalizar. Utilice este premio como incentivo para los superniños, a fin de que permanezcan callados y presten atención. Al inicio, deberá comprar algunos implementos, pero no permita que esa compra lo disuada para no utilizar esta opción. Una vez que compre el material, éste le durará mucho tiempo y podrá usarlo de nuevo.

Esmeralda estaba en cuarto grado, y a ella eso no le agradaba. De hecho, no estaba contenta con muchas cosas, y una de las cosas que menos le gustaban eran sus ojos verdes. Era la menor de cuatro hermanas, y ella era la única que se veía diferente. Sus hermanas mayores tenían los ojos azules y el cabello castaño de su madre, menos ella. Su piel era blanca, pelo rubio rojizo y los ojos más verdes de toda la clase. De hecho, la única con ojos verdes de la clase. La semana pasada, en la clase de ciencias, su maestra realizó una prueba de color de ojos; dividiendo un grupo de ojos color café, otro con niños con ojos azules y Esmeralda, era la única niña con ojos verdes de cuarto grado. Se sintió fuera de lugar y un poco tonta, como si hubiera algo extraño en ella.

—¿Por qué yo? —pensó mientras su maestra hablaba de algo llamado genética.

—¿Por qué no puedo verme como todos los demás en lugar de tener estos feos ojos verdes?

¿Y por qué sus padres tuvieron que llamarla "Esmeralda" en honor a esos feos ojos verdes? Eso hacía más difícil olvidar lo diferente que ella era.

Luego terminó la clase, y todos tomaron su almuerzo. Esmeralda se dirigió hacia una mesa para sentarse con otras niñas, y colocó su comida.

—Disculpa, esta mesa sólo es para quienes tienen ojos azules, ¡no aceptamos a los de ojos verdes!

¡Fue lo más vergonzoso! Esmeralda deseaba hacerse invisible. ¡Gracias a Dios era viernes! Quizá el lunes de la próxima semana todos ya habrían olvidado el asunto del color de los ojos y de la genética.

Al llegar a casa, vio la más moderna motocicleta en la entrada. Tenía un águila pintada en ella y tenía escrito: "No puedes montar una Harley en el infierno".

—¿Me pregunto de qué se trata? —se dijo, mientras abría la puerta.

Esmeralda escuchó voces en la cocina y fue a dar un vistazo. Sentado a la mesa, había un hombre grande que ella jamás había visto.

—Hola, querida. Él es el Pastor Rod, y predicará en la iglesia el domingo —le dijo su mamá.

—Hola —le dijo Esmeralda en voz baja, mientras miraba al suelo.

El pastor Rod se veía grande sentado en la pequeña silla de la cocina, pero cuando se puso de pie para saludarla, ¡se veía enorme!

Con una voz que coincidía con su apariencia, le habló con una voz profunda y áspera: "Hola, pequeña señorita, ¿cómo estuvo tu día? Soy el Pastor Rod".

Cuando Esmeralda lo miró, vio un rostro bastante amigable, el cual estaba cubierto con largo cabello y en cierta forma alocada.

—Supongo que estuvo bien. ¿Dónde se corta el cabello?" —le respondió Esmeralda, tartamudeando un poco.

De inmediato, su madre le dio una de "esas" miradas, pero el hombre se rió a carcajadas.

—¡Ésa es una buena pregunta! ¡En ningún lugar! —exclamó, con una sonrisa más grande que antes.

Su padre sonrió y Esmeralda suspiró de alivio. Pues quizá no le darían más tarde un sermón de cómo entablar conversaciones apropiadas. Su mamá le dijo: "Ve a lavarte las manos, querida, la cena está lista".

Mientras se lavaba las manos, no podía evitar que ese pastor le agradara, y se preguntaba qué predicaría el domingo. Durante la cena, el Pastor Rod relató una de las historias más interesantes acerca de lo que él llamaba "días de motociclista". Aparentemente, él había manejado motocicletas toda su vida y había pasado muchas aventuras. Algunas le asustaban a Esmeralda, pero intentaba no realizar muchas preguntas. Al parecer, muchas de las historias del pastor Rod terminaban con alguien entregándole su corazón al Señor. Al llegar la hora de dormir, el tiempo había pasado rápido y Esmeralda había olvidado lo de sus ojos verdes y el cuarto grado.

Antes de darse cuenta, había llegado el domingo. Cuando la familia de Esmeralda llegó a la iglesia, se sentaron en la tercera fila como de costumbre. Cuando presentaron al pastor Rod, Esmeralda se sentó bien y se inclinó hacia adelante: "Me pregunto si contará más historias de motocicletas". Su nuevo amigo le sonrió a la congregación, y contó una historia que ella no había escuchado todavía.

"Cuando era joven, no conocía a Jesús. No sabía que Él me amaba, y tampoco que Dios dio Su limpia y perfecta vida para pagar mi sucia y perdida vida. Yo era uno de esos motociclistas rebeldes de los que ustedes quizá hayan escuchado en las noticias. Yo odiaba a todos los que eran diferentes a mí, y les causé sufrimiento a muchas personas." Luego el pastor Rod hizo una pausa: "Entonces una noche, mientras dormía, algo pasó que cambió todo".

Esmeralda se sentó a la orilla de su asiento mientras el pastor Rod continuaba.

"Soñé que estaba parado ante un hermoso trono. Alguien estaba sentado en el trono, y aunque no podía verlo con claridad, sabía que era Jesús. Él me dijo que yo estaba perdido y que deseaba que me encontraran".

Pastor Rod miró alrededor de la iglesia.

"Se dan cuenta, incluso aunque nadie nunca me presentó a Jesús, sabía que era Él. Ésa es Su forma de ser, al conocerlo, se dan cuenta que sí es él. Encontré a mi Salvador ese día, y decidí que buscaría a las personas que estuvieran perdidas como yo y que les PRESENTARÍA a Jesús, pues Él puede tomar algo que creemos que es feo y transformarlo en algo bello".

El lugar quedó en silencio. El pastor Rod abrió una Biblia grande color negro y comenzó a leer:

«Y al instante, yo estaba en el Espíritu y vi un trono en el cielo y a alguien sentado en él. El que estaba sentado en el trono brillaba como piedras preciosas: como el jaspe y la cornalina. El brillo de una esmeralda rodeaba el trono como un arco iris».

El pastor Rod levantó los ojos y cerró su Biblia.

—Esmeralda, ¿podrías acercarte? —le preguntó.

Esmeralda se preguntó si sus oídos le estaban jugando una broma. El hombre grande bajó del púlpito y la tomó de la mano. Esmeralda se puso de pie y dejó que la llevara al frente.

—Yo vi ese arcoiris —expresó el pastor Rod con voz suave—. Éste era tan verde como los hermosos ojos color esmeralda de esta niña, y mientras la miraba continuó.

—Esmeralda, la otra noche cuando vi tus ojos por primera vez, recordé el día que hice a Jesús el Señor de mi vida. ¡Desde ese día, el verde se convirtió en mi color favorito! Desde este día, cada vez que te veas al espejo, quiero que recuerdes que Dios hizo un arcoiris con color esmeralda sobre el trono de Su Hijo.

De regreso a casa, Esmeralda se sentía totalmente diferente por tener ojos verdes. De hecho, se sintió ¡**bendecida** por tener esos ojos color esmeralda! La madre de Esmeralda miró a su hija más pequeña en el asiento trasero y le sonrió.

Historia por Dana Johnson.

Notas:

Notas:

Notas:

Notas:

Notas: